AUTORES:

JOSÉ MARÍA CAÑIZARES MÁRQUEZ
CARMEN CARBONERO CELIS

COLECCIÓN OPOSICIONES MAGISTERIO: EDUCACIÓN FÍSICA

LA EVALUACIÓN DE LA EDUCACIÓN FÍSICA EN LA EDUCACIÓN PRIMARIA:
EVOLUCIÓN DEL PROCESO DE APRENDIZAJE Y DEL PROCESO DE ENSEÑANZA: MECANISMOS E INSTRUMENTOS. FUNCIÓN DE LOS CRITERIOS DE EVALUACIÓN DE ETAPA.
(VOLUMEN 24)

WANCEULEN
EDITORIAL DEPORTIVA

COLECCIÓN OPOSICIONES MAGISTERIO: EDUCACIÓN FÍSICA

VOLUMEN 24.

LA EVALUACIÓN DE LA EDUCACIÓN FÍSICA EN LA EDUCACIÓN PRIMARIA. EVOLUCIÓN DEL PROCESO DE APRENDIZAJE Y DEL PROCESO DE ENSEÑANZA: MECANISMOS E INSTRUMENTOS. FUNCIÓN DE LOS CRITERIOS DE EVALUACIÓN DE ETAPA.

AUTORES

José Mª Cañizares Márquez

- Catedrático de Educación Física
- Tutor del Módulo del Practicum del Master de Secundaria
- Especialista en preparación de opositores
- Autor de numerosas obras sobre Educación y Preparación Física

Carmen Carbonero Celis

- D. E. A. en Instituciones Educativas
- Licenciada en Pedagogía
- Maestra de Primaria y Secundaria en centros de Educación Compensatoria
- Didacta del CAP
- Profesora de Pedagogía Terapéutica en Centro Educación Primaria

Título: LA EVALUACIÓN DE LA EDUCACIÓN FÍSICA EN LA EDUCACIÓN PRIMARIA. EVOLUCIÓN DEL PROCESO DE APRENDIZAJE Y DEL PROCESO DE ENSEÑANZA: MECANISMOS E INSTRUMENTOS. FUNCIÓN DE LOS CRITERIOS DE EVALUACIÓN DE ETAPA.

Autores: José Mª Cañizares Márquez y Carmen Carbonero Celis
Editorial: WANCEULEN EDITORIAL DEPORTIVA, S.L.
C/ Cristo del Desamparo y Abandono, 56   41006 SEVILLA

Dirección web: www.wanceulen.com
I.S.B.N.: 978-84-9993-495-2
Dep. Legal:
© **Copyright:** WANCEULEN EDITORIAL DEPORTIVA, S.L.
Primera Edición: Año 2016
Impreso en España:

Reservados todos los derechos. Queda prohibido reproducir, almacenar en sistemas de recuperación de la información y transmitir parte alguna de esta publicación, cualquiera que sea el medio empleado (electrónico, mecánico, fotocopia, impresión, grabación, etc), sin el permiso de los titulares de los derechos de propiedad intelectual. Cualquier forma de reproducción, distribución, comunicación pública o transformación de esta obra solo puede ser realizada con la autorización de sus titulares, salvo excepción prevista por la ley. Diríjase a CEDRO (Centro Español de Derechos Reprográficos, www.cedro.org) si necesita fotocopiar o escanear algún fragmento de esta obra.

Presentación de la Colección.

Introducción

1. ASPECTOS COMUNES A TENER EN CUENTA EN EL EXAMEN ESCRITO.

    1.1. Criterios de corrección y evaluación que siguen los tribunales.
    1.2. Consejos sobre cómo estudiar los temas. Estrategias.
    1.3. Recomendaciones para la realización del examen escrito. Estrategias.
    1.4. Modelo estandarizado de presentación de examen escrito.
    1.5. Partes estándares a todos los temas.

2. LA EVALUACIÓN DE LA EDUCACIÓN FÍSICA EN LA EDUCACIÓN PRIMARIA. EVALUACIÓN DEL PROCESO DE APRENDIZAJE Y DEL PROCESO DE ENSEÑANZA: MECANISMOS E INSTRUMENTOS. FUNCIÓN DE LOS CRITERIOS DE EVALUACIÓN DE ETAPA.

COLECCIÓN OPOSICIONES DE MAGISTERIO.
ESPECIALIDAD DE EDUCACIÓN FÍSICA

PRESENTACIÓN DE LA COLECCIÓN

Los autores, con muchos años de experiencia en la preparación de oposiciones, hemos plasmado en esta Colección multitud de argumentos y detalles con la finalidad de que cada persona interesada en acceder a la función pública conozca minuciosamente todos los pormenores de la preparación.

La Colección está compuesta por una treintena de volúmenes, de los que veinticinco están dedicados a otros tantos capítulos del temario, y los cinco restantes a cómo hacer y exponer oralmente la programación didáctica y las UU. DD., así como a resolver el examen práctico escrito.

Los destinados a los temas llevan incorporados unos aspectos comunes previos sobre cómo hay que estudiarlos y consejos acerca de cómo realizar el ejercicio escrito.

Los aplicados al examen oral: defensa de la programación y exposición de las U.D.I., también llevan un capítulo referente a cómo es mejor hacer la expresión verbal, el mensaje expresivo, el esquema en la pizarra, etc.

Es decir, los autores no nos hemos ceñido a publicar un temario para las dos pruebas escritas (tema y casos prácticos) y las dos orales (programación y unidades). Hemos querido hacer partícipe de las técnicas que hemos seguido estos años y que tan buen resultado nos han dado, sobre todo a quienes sacaron plaza merced a su propio esfuerzo. No obstante, debemos destacar un aspecto capital: ratio del tribunal, es decir, ¿con cuántos opositores me tengo que "pelear" para conseguir la plaza?

Ya podemos ir perfectamente preparados, que si un tribunal tiene dos plazas para dar y hay diez opositores con un diez... la suerte de tener una décima más o menos en la fase de concurso nos dará o quitará la plaza.

Por otro lado, es conocido que desde hace año en España tenemos diecisiete "leyes de educación", es decir, una por autonomía, además de la que es común para todos y que, como las autonómicas, depende del partido político que gobierne en ese momento. No podemos obviar que la Educación y todo lo que le rodea -incluidos opositores- es un aspecto más de la política, si bien entendemos debería ser justo lo contrario. La formación de nuestros hijos no debe estar en función de unas siglas de unos partidos políticos, porque cuando uno consigue el poder, elimina por sistema lo hecho por el anterior, esté mejor o peor. Ejemplos, por desgracia, hay muchos desde la LOGSE/1990. Así pues, abogamos por un Pacto Educativo que incluya, lógicamente, a opositores y al Sistema de Acceso a la Docencia.

Esto trae consigo que, forzosamente, debamos basarnos en una línea de elementos legislativos. En nuestro caso, además de la nacional, nos remitimos a la de Andalucía. Por ello, las personas opositoras que nos lean deberán adecuar las citas legislativas autonómicas que hagamos a las de la comunidad/es donde acuda a presentarse a las oposiciones docentes.

Para cualquier información corta, los autores estamos a disposición de las personas lectoras en:

oposicionedfisica@gmail.com

INTRODUCCIÓN

Este volumen tiene dos partes claramente diferenciadas:

a) Por un lado tratamos diversos aspectos comunes a todos los temas escritos. Es decir, nos centramos en cómo hay que estudiarlos a partir de los propios criterios de valoración del examen que indica la Consejería de Educación de la Junta de Andalucía, y que suelen ser similares a los de otras autonomías. También incluimos los criterios de otras comunidades, pero no de todas porque se nos haría interminable.

Esta parte también incluye una serie de consejos acerca de cómo estudiar los temas, cuestión que no es baladí porque el opositor está muy limitado por el tiempo disponible para realizarlo.

Esto nos lleva a siguiente punto, el "perfil" de cada opositor, su capacidad grafomotriz muy a tener en cuenta para que en el tiempo dado seamos capaces de tratar el tema elegido con una estructura adecuada a los criterios de evaluación que el tribunal va a usar en la corrección.

Es muy corriente el comentario de "mientras más sepas, más nota sacas y más posibilidades de obtener plaza tienes". Esto trae consigo, en muchas ocasiones, que el opositor se encuentre con "montañas de papeles" sin estructurar, sin saber si un documento reitera lo de otro, sin dominar la capacidad de síntesis ante tanto volumen de definiciones, clasificaciones, teorías, opiniones, etc.

La realidad es muy distinta. El opositor debe llevar preparado al menos veinticuatro documentos (para tener el 100% de que le va a salir en el sorteo un tema estudiado concienzudamente), con la información muy exacta de lo que le da tiempo a escribir correctamente desde todos los puntos: científico, legislativo, autores, estructura del propio examen, sintaxis, ortografía, etc.

Muchas veces nos han preguntado por el conocimiento de los tribunales, si están al día, etc. Nuestra respuesta ha sido siempre la misma: "sabrán más o menos de cada uno de los veinticinco temas, lo leerán con más o menos detenimiento, pero seguro que lo que más saben es corregir escritos porque lo hacen a diario en sus aulas, de ahí que debamos prestar la máxima atención a estos aspectos formales". Para ello añadimos al final una hoja-tipo.

Completamos este primer capítulo con una tabla de planificación semanal que debemos hacer desde un principio para "obligarnos" y seguirla con disciplina espartana, si de verdad queremos tener éxito.

b) Por otro, el Tema 24 totalmente actualizado a fecha de hoy. La persona opositora debe, una vez conozca el volumen de contenidos que es capaz de escribir, hacer un resumen equitativo de cada punto y "cuadrarlo" a su capacidad grafomotriz. A partir de aquí, a estudiarlo… pero escribiéndolo ya que la nota nos la van a poner por lo que escribamos y cómo expresemos esos contenidos. Pero, si en la comunidad donde nos examinemos, el escrito hay que leerlo al tribunal, de nuevo lo haremos, cuanto antes mejor, para ensayar la lectura y que determinadas palabras no se nos "atraganten".

CRITERIOS DE CORRECCIÓN Y EVALUACIÓN QUE SIGUEN LOS TRIBUNALES

Consideramos imprescindible saber **previamente** cómo nos va a evaluar el Tribunal para realizar el examen con respecto a los ítem que va a tener en cuenta. Aportamos varios **modelos** que han transcendido y que, básicamente, se diferencian en la **formulación** de las consideraciones y en su valoración, no en el **fondo**.

CRITERIOS DE EVALUACIÓN EN ANDALUCÍA.

La Consejería de Educación de la Junta de Andalucía informa a los sindicatos, en mayo de 2007, sobre un "borrador" de criterios de evaluación para el "Concurso Oposición al Cuerpo de Maestros 2007". Posteriormente, como pudimos comprobar esa convocatoria y las siguientes, estos criterios se hicieron "firmes".

Transcribimos literalmente los cinco puntos a considerar sobre el tema escrito:

CRITERIOS GENERALES TEMA ESCRITO

Estructura del tema.

a) Presenta un índice.
b) Justifica la importancia del tema.
c) Hace una introducción del mismo.
d) Expone sus repercusiones en el currículum y en el sistema educativo.
e) Elabora una conclusión acorde con el planteamiento del tema.

Contenidos específicos.

a) Adapta los contenidos al tema.
b) Secuencia de manera lógica y clara sus apartados.
c) Argumenta los contenidos.
d) Profundiza en los mismos.
e) Hace referencia al contexto escolar.

Expresión.

a) Muestra fluidez en la redacción.
b) Hace un uso correcto del lenguaje, con una buena construcción semántica.
c) Emplea de forma adecuada el lenguaje técnico.

Presentación.

a) Presenta el escrito con limpieza y claridad.
b) Utiliza un formato adecuado teniendo en cuenta el apartado 4 del artículo 7.4.1. de la Orden de 24 de marzo de 2007, BOJA nº 60 del 26/03/2007.
Nota: Se refiere a aspectos formales tales como no firmar el examen, entregarlo en un sobre con etiquetas, etc.

Bibliografía/Documentación.

a) Fundamenta los contenidos con autores o bibliografía.
b) Sitúa el tema en el marco legislativo pertinente.

La Consejería de Educación de la Junta de Andalucía informa a los sindicatos, en **junio de 2015**, sobre los criterios de evaluación para el "Concurso Oposición al Cuerpo de Maestros 2015". Transcribimos literalmente los cuatro puntos a considerar sobre el tema escrito:

CRITERIOS GENERALES A TENER EN CUENTA EN LA CORRECCIÓN DEL TEMA ESCRITO (JUNIO 2015).

1. Estructura del tema.

a) Secuencia de manera lógica y clara cada uno de los apartados del tema
b) Expone con claridad

2. Contenidos.

a) Argumenta y justifica científicamente los contenidos
b) Conoce y tarta con profundidad el tema
c) Realiza una transposición didáctica de la teoría expuesta a la práctica
d) Fundamenta los contenidos con autores y bibliografía que realmente hagan referencia al contenido en cuestión, así como a la normativa vigente

3. Expresión.

a) Redacta con fluidez
b) Usa correctamente el lenguaje y presenta una adecuada construcción sintáctica
c) Usa con propiedad el lenguaje técnico específico de la especialidad
d) No se aprecian divagaciones, reiteraciones, etc.

4. Presentación.

a) El ejercicio es legible: no hay que estar deduciendo qué quiere decir ni traduciendo el texto
b) Se observa limpieza y claridad en el ejercicio
c) Usa un formato adecuado

CRITERIOS GENERALES A TENER EN CUENTA EN LA CORRECCIÓN DEL TEMA ESCRITO
(Comunidad de Castilla-La Mancha)

Los criterios de evaluación del tema escrito (Comunidad de Castilla-La Mancha), que tuvieron los tribunales en cuenta en la convocatoria de 2007 y que fueron establecidos por la Comisión de Selección de la Especialidad de Educación Física, son:

CRITERIOS PARA EVALUAR EL TEMA ESCRITO. PARTE "A"	Puntuación
1.- Introducción, justificación, índice y mapa conceptual.	(MÁXIMO 1,5 puntos)
2.- Contenidos específicos	
2.1.-Trata todos los epígrafes del tema. 2.2.- Adecuación de los contenidos al tema. Los contenidos se ajustan al tema. 2.3.- Profundización de los mismos. 2.4.- Organización lógica y clara en cada punto. Atendiendo al índice. 2.5.- Argumentación de los contenidos. 2.6.- Referencia al contexto escolar. 2.7.-Relaciona con otros temas del currículum. 2.8.- Originalidad y creatividad en el tema.	(MÁXIMO 6,5 puntos)
3.-Bibliografía	
3.1.- Bibliografía específica del tema. Cita autores y hace referencias bibliográficas. 3.2.- Aspectos legislativos. Hace referencia a la legislación nacional y autonómica.	(MÁXIMO 0,75 puntos)
4.- Conclusión y valoración personal	(MÁXIMO 0,75 puntos)
5.- Aspectos formales. Presentación, estructura, organización, uso de vocabulario técnico.	(MÁXIMO 0,5 puntos)
6.- Errores	
a. Divagaciones b. Faltas de ortografía c. Errores garrafales	SE VALORARÁ NEGATIVAMENTE POR PARTE DEL TRIBUNAL
Total	10 Puntos.

OTROS CRITERIOS GENERALES A TENER EN CUENTA EN LA CORRECCIÓN DEL TEMA ESCRITO

Otros tribunales siguieron unos criterios de evaluación del examen escrito como los que ahora reflejamos:

CRITERIOS PARA EVALUAR EL TEMA ESCRITO			
1		Introducción, índice y mapa conceptual	Máximo 1 punto
2		Nivel de contenidos	Máximo 5 puntos
	2.1.	Trata todos los epígrafes del tema	
	2.2.	Los contenidos se ajustan al temario	
	2.3.	Relaciona con otros temas del curriculum	
	2.4.	Hace referencia a la legislación nacional y autonómica	
	2.5.	Cita autores y/o referencias bibliográficas	
3		Aspectos formales: presentación, estructura, organización, vocabulario y ortografía	Máximo 3 puntos
4		Conclusión, valoración personal y bibliografía	Máximo 1 punto

Esta tabla tuvo su origen en la Convocatoria de Castilla La Mancha hace unos años. Sus criterios siguen vigentes.

Cuadro resumen de los Criterios de Evaluación	Temas A
1.- Contenidos específicos a. Adecuación de los contenidos al tema. b. Profundización de los mismos. c. Organización lógica y clara en cada punto (Índice). d. Argumentación de los contenidos. e. Referencia al contexto escolar. f. Originalidad y creatividad en el tema.	2,75 puntos
2.- Introducción y conclusión a. Justificación de la importancia del tema. b. Repercusiones en nuestra área y en el Sistema Educativo. c. Buena introducción del tema. d. Conclusión.	0,5 puntos
3.- Expresión a. Fluidez del discurso. b. Buena redacción, sin errores sintácticos, redundancias... c. Uso del lenguaje técnico.	1 puntos
4.- Presentación a. Limpieza y claridad. b. Formato con variedad de recursos (gráficos, sangrías, diferenciación entre títulos, subtítulos, contenidos, esquema, etc.)	0,5 puntos
5.-Bibliografía a. Bibliografía específica del tema. b. Aspectos legislativos.	0,25 puntos
Penalizaciones a. Divagaciones b. Faltas de ortografía c. Errores garrafales	A restar según criterio del propio tribunal
Totales	5 Ptos.

En **2013**, la Convocatoria de Primaria en **Castilla-La Mancha** incluían estos **criterios**:

PARTE 1B DESARROLLO DE UN TEMA DE LA ESPECIALIDAD	PESO ESPECÍFICO
1. Estructurar el tema de forma coherente, secuenciada, justificada y equitativa con todos los apartados.	25%
2. En relación a los contenidos desarrollados, responder al tema planteado, adaptándose al currículum, con aportaciones teórico-prácticas, siendo funcional para la práctica docente.	40%
3. Ser original y creativo en el desarrollo del tema, estableciendo conexiones con otros contenidos del currículum, con aportaciones personales fundamentadas que revelan la creación propia e inédita del mismo.	15%
4. El tema será afín a unas bases teóricas, a una fundamentación científica de la que parte el currículum, al tiempo que aporta ideas nuevas.	5%
5. Mostrar una lectura fluida y comprensible, con una actitud transmisora y un desarrollo expositivo que se ciñan al tema.	15%

En la Convocatoria de **Secundaria** de **Andalucía** de **2016**, los criterios o "indicadores" a tener en cuenta por los tribunales para el examen escrito, son:

INDICADORES

● ESTRUCTURA DEL TEMA:

- Índice (adecuado al título del tema y bien estructurado y secuenciado).
- Introducción (justificación e importancia del tema).
- Desarrollo de todos los apartados recogidos en el título e índice.
- Conclusión (síntesis, donde se relacionan todos los apartados del tema).
- Bibliografía (cita fuentes diversas, actualizadas y fidedignas).

● EXPRESIÓN Y PRESENTACIÓN:

- Fluidez en redacción, adecuada expresión escrita: ortografía y gramática.
- Riqueza y corrección léxica y gramatical (IDIOMAS).
- Limpieza y claridad.

● CONTENIDOS ESPECÍFICOS DEL TEMA:

- Nivel de profundización y actualización de los contenidos.
- Valoración o juicio crítico y fundamentado de los contenidos.
- Ilustra los contenidos con ejemplos, esquemas, gráficos…
- Secuencia lógica y ordenada.
- Uso correcto y actualizado del lenguaje técnico.

CONSEJOS SOBRE CÓMO ESTUDIAR LOS TEMAS. ESTRATEGIAS.

Exponemos una serie de consejos que solemos dar a nuestros opositores:

- Cada uno tiene un "método" que ha experimentado durante su vida de estudiante, sobre todo a nivel universitario, de ahí que nuestra influencia sea relativa. No obstante, muchos nos reconocen que *"nunca hemos estudiado en profundidad hasta comenzar a prepararnos las oposiciones"*.

- Reconocemos que hay **múltiples** formas de estudio. Hemos tenido opositores que necesitaban estar tumbados, otros sentados y en total silencio, otros tenían que tener forzosamente una tenue música de fondo, etc. Es decir, existen muchas maneras con más o menos **dependencia/independencia** de **campo**.

- Unos precisan **luz** natural, otros luz blanca o azul, con flexo cercano o con la de la lámpara del techo...

- Hay quien prefiere estudiar a base de **resúmenes** hechos en un procesador de textos y otros, en cambio, tenían que estar a mano.

- Muchos prefieren **grabar** verbalmente los contenidos para reproducirlos cuando viaja, corre, nada o anda y así aprovechar estos "tiempos muertos".

- Otros requieren **gráficos** y mapas conceptuales. Incluso, hemos tenido los que preferían hacer un póster-esquema y colgarlo a la pared para leerlo de pie...

- Otro grupo lo conforman aquellos que prefieren subrayar o señalar los puntos clave con rotulador marcador tipo fluorescente, otros a lápiz... Eso sí, lo señalado debe tener encadenamiento o cohesión interna para verterlo, ya redactado, en el examen, de ahí que **debamos estudiar escribiendo**, porque el examen escrito trata de ello.

- Debemos usar bolígrafos de gel por ser más rápidos en su trazo y papel tamaño A4, que es el que nos van a proporcionar el día del examen. Ojo a los tipos de **bolígrafos permitidos** por los tribunales, debemos estar muy atentos a lo que nos dicen el día de la **presentación**. Independientemente de ello, debemos acostumbrarnos a poner el folio directamente sobre la superficie dura de la mesa, ya que así la velocidad de escritura es superior que si lo situamos encima de otros folios porque éstos hacen que el espacio de apoyo nos frene por ser más blando. Un **reloj** para controlarnos los tiempos es imprescindible también.

- En cualquier caso, no sería bueno estudiar más de dos horas seguidas, sobre todo si estamos sentados. Ello, normalmente, acarrea contracturas dorso-lumbares, en los miembros inferiores, etc. con el consiguiente dolor y molestia. Lo mismo podemos decir a nivel de nuestra visión.

- Realizar **actividad física o deportiva** varias veces a la semana es muy aconsejable por simple razón de compensación y revitalización personal.

- Es bueno, pues, cada dos horas aproximadamente, hacer un **alto horario** de 8-10 minutos para despejarnos mentalmente y estirarnos físicamente. Beber **agua** y la ingesta de **fruta** suele ser positivo. Esto es extensible al día del examen de la oposición.

- No obstante, si la convocatoria nos dice que el escrito durará más de este tiempo, debemos paulatinamente aumentar las dos horas hasta llegar al **tope** marcado.

- Siempre recomendamos realizar una **planificación** semanal personalizada, que regule nuestro **tiempo** destinado al estudio (avance y repaso de los temas del escrito, casos prácticos, exposición oral), al trabajo, deporte, ocio, obligaciones familiares, etc. Ver tabla/ejemplo en la página siguiente.

- **¿Cuánto tiempo dedicar al estudio?** No podemos dar "recetas" pues depende del nivel previo de cada opositor. Hay quien trae excelentes aprendizajes previos de la carrera y hay quien ese nivel lo trae demasiado básico. Otros ya tienen experiencias en oposiciones, etc. Así pues cada uno debe auto regularse en función de sus capacidades y sus circunstancias personales. Genéricamente podemos indicar que, al menos, 4-6 horas/día divididas por un descanso de 10-15 minutos puede ser un estándar adecuado. A partir de ahí, personalizar en función del avance o no obtenido.

- Siempre debemos tener un "**molde personal**" en función de la capacidad grafomotriz, habida cuenta el **ahorro** de tiempo y energía que nos supone seguir esta estrategia.

- De cualquier forma, debemos respetar el dicho popular "*lo que no se recuerda, no se sabe*", de ahí **memorizar comprensivamente** lo más significativo.

- La **memoria**, al igual que ocurre con la condición física, se mejora ejercitándola con frecuencia.

- Tan importante es memorizar un tema nuevo como no olvidar los ya aprendidos, por lo que es necesario **consolidar**, repasando, lo estudiado. Comprobar que dominamos temas anteriores mejora nuestra capacidad de auto concepto.

- De ahí la importancia de estudiar teniendo delante nuestro **resumen personalizado** y olvidarnos de aumentar los contenidos del tema porque, además de crearnos inquietudes, posiblemente no podamos reflejar todo lo que sabemos en el tiempo que tenemos de examen.

Mostramos en el siguiente **gráfico** un claro y rápido ejemplo de cómo auto planificarse el estudio durante la semana a partir de tres **módulos** diarios:

EJEMPLO DE PLANIFICACIÓN SEMANAL-TIPO
Combinación de estudio-repaso-programación-UU.DD.-prácticos-trabajo profesional-descanso

LUNES	MARTES	MIÉRCOLES	JUEVES	VIERNES	SÁBADO	DOMINGO
MAÑANA	**MAÑANA**	**MAÑANA**	**MAÑANA**	**MAÑANA**	**MAÑANA**	**MAÑANA**
TRABAJO	Estudio tema nuevo semana	TRABAJO	Repaso tema nuevo	TRABAJO	Casos Prácticos	Libre
TRABAJO	Estudio tema nuevo semana	TRABAJO	Programación	TRABAJO	Casos Prácticos	Libre
TARDE	**TARDE**	**TARDE**	**TARDE**	**TARDE**	**TARDE**	**TARDE**
Estudio tema nuevo semana	Programación	Repaso temas anteriores	UU. DD.-U.D.I.	Sesión de clase con preparador	Repaso temas anteriores	Repaso temas anteriores

RECOMENDACIONES PARA LA REALIZACIÓN DEL EXAMEN ESCRITO. ESTRATEGIAS.

NOTA: Muchos de los consejos que ahora damos, sobre todo los relacionados con la presentación, escritura, etc. son también aplicables a la realización por escrito de los casos prácticos, si los hubiera.

En las convocatorias anteriores se ha comprobado que la mayoría de aprobados en el examen escrito tenían **buena letra**, además de contenidos notables. Efectivamente, entre los criterios de evaluación que utilizan los tribunales hay algunos puntos destinados a la **presentación** que no podemos desechar. Incluso, si la Orden de la Convocatoria indica que el opositor deberá **leer** su propio **examen** ante el tribunal, éste suele comprobar posteriormente su estructura, sintaxis, ortografía, etc.

No llegar a tiempo a los llamamientos supone la primera **precaución** a tomar. En ocasiones, las instalaciones donde se celebran las oposiciones se ven saturadas desde varios kilómetros antes de llegar. A ello hay que sumar el tiempo para aparcar, buscar el aula asignada, etc. **Llegar tarde** puede suponer la **no presentación** y la consiguiente **eliminación**.

Gracias a las observaciones hechas por los tribunales de años anteriores y por los criterios de evaluación que han transcendido, estamos en disposición de apuntar una serie de anotaciones a considerar por las personas opositoras durante su periodo de preparación con nosotros. Habitualmente los tribunales reservan parte de la nota total para los **aspectos "formales"** del examen, que ahora comentamos. Esto es de vital importancia porque dos opositores con igual cantidad y calidad de contenidos, sacará mejor nota quien mejor lo presente. Ante ello, reservar algunos minutos para poder **revisar** el examen antes de entregarlo, teniendo en cuenta lo siguiente:

- Nadie aprueba con **mala letra**. Igual decimos de la presentación y limpieza.
- Esto lo hacemos extensivo a las faltas de **ortografía**, acentuación, mala **sintaxis**, incorrecciones **semánticas**, **expresión** y **redacción**, **vulgarismos**, **repetir la misma palabra** continuadamente, **tachones**, suciedad, etc. No podemos "escribir igual que hablamos". También, no poner el número del tema elegido o su título. Otro error habitual es el mal uso de los puntos, bien seguido, bien aparte.
- Debemos escribir por **una carilla** -al menos que el tribunal indique otra cosa- con letra más bien grande para facilitar su lectura. No poner detalles como "no recuerdo..."; "creo que..."; "no me da tiempo..."; "me parece que es..."
- La **media** de **folios** (carillas o páginas) que suelen hacer nuestros preparados están entre **14 y 16**, con **17-22 renglones** cada una (20 lo habitual) y **9 palabras/renglón,** teniendo en consideración unos **márgenes laterales** y **superior e inferior** de 2 a 2'5 centímetros. No obstante, conforme avanza la preparación y la habilidad para escribir este tipo de examen, hay quien aumenta el volumen de páginas de manera significativa, pero siempre manteniendo y respetando los criterios de evaluación que suelen tener los tribunales: letra, limpieza, construcción semántica, ortografía, etc. Si preferimos escribirlo en un procesador de textos, como puede ser "Word", el número de palabras suele estar alrededor de las 2400-2700, aproximadamente.
- Los **renglones** deben ser **paralelos** y siempre con el mismo **interlineado**. En caso de tener problemas para hacerlo, podemos llevarnos una **plantilla** ya hecha, como una hoja tamaño folio de cuaderno de rayas, o bien hacerla allí

mismo con lápiz y regla. Si tampoco pudiese ser (a veces los tribunales han hecho especial hincapié en "no entrar con plantilla, regla, etc."), nos esmeraríamos en la realización de la primera página, aunque tardásemos más tiempo, y ésta nos serviría como "falsilla" o planilla de renglones. Otro "**truco**" es hacerla a partir del **DNI** al que previamente le hemos hecho unas señales minúsculas con la anchura que deseamos. Éste nos sustituiría a la regla.

- No se puede ser "loco o loca" escribiendo. Para ello es importante el **entrenamiento** durante el periodo de preparación. De ahí surge la **automatización** de todos estos aspectos, además del sangrado, márgenes, etc. No poner abreviaturas.
- Por otro lado debemos **numerar** las hojas, incluso algunos lo hacen poniendo "1 de 15; 2 de 15…".
- La utilización de **dos colores** de tinta **no** suele estar **permitido**, como tampoco subrayados para señalizar los títulos, epígrafes, ideas fundamentales, etc., al menos que el tribunal exprese lo contrario. En todo caso, **preguntar** al tribunal antes de empezar si es posible su uso, así como de tippex. También si se pueden poner gráficos, flechas, tablas, etc., si el tribunal lo permite, pero la Orden de la Convocatoria suele prohibirlo por considerarlo posible "**señal**". Un **bolígrafo** tipo **gel** y apoyarnos sobre un **superficie dura** para que éste se deslice mejor, nos permite mayor velocidad de escritura manteniendo su calidad. Quienes suelen hacer tachaduras, previendo que no les dejen usar tippex, pueden optar por un **bolígrafo borrable por fricción** (marca Pilot o similar) que elimina cualquier rastro de su propia tinta. No obstante, determinados "bolígrafos rápidos" que se basan en tinta tipo gel, suelen ser peor para opositores **zurdos**, por razones obvias. Recordamos la necesidad de seguir exactamente las **instrucciones** que nos dé el tribunal al respecto, habida cuenta tenemos experiencias sobre la **anulación** de exámenes por el uso de este tipo de herramienta de escritura.
- No olvidemos que la mayoría de los títulos de los temas tienen tres puntos, por lo que debemos **dividir** la totalidad de materia que escribamos en tres partes similares. De esa forma, evitamos exponer mucho contenido de una parte en perjuicio de otra. Así pues, normalmente haremos tres puntos con varios sub-puntos cada uno buscando la conexión entre los mismos. Además, pondremos el **índice** al principio, tras el título, **introducción**, **conclusiones**, **bibliografía** -que incluye la legislación- y webgrafía. En **resumen**, queda muy bien, limpio y "amplio", la estructuración del examen de esta manera:

  - **Título** del Tema. 1ª página. Mayúsculas y en una única página.
  - **Índice**. 2ª página. En una sola página.
  - **Introducción**. 3ª y 4ª página. Debe tener cierta peculiaridad con objeto de atraer la curiosidad del corrector. Nombrar los descriptores del título y en cada uno dar una o dos referencias del mismo. Podemos "presentarlo" a través de su importancia en el currículo y citar sus referencias legislativas. Usar, preferentemente, dos páginas.
  - **Apartados o descriptores** y los sub-apartados. 5ª página. Es el eje alrededor del cual gira la nota relativa a los contenidos. Incluye definiciones, clasificaciones, teorías, líneas metodológicas, referencias curriculares, aplicaciones prácticas, actividades, etc., todo ello citando a autores y normativa que luego quedarán reflejados en la bibliografía, pero con una redacción técnica. En cualquier caso debemos marcar claramente cuándo finalizamos el primer punto y comenzamos el siguiente. Si somos "olvidadizos", podemos dejar un interlineado relativamente amplio por si nos acordamos después de algún detalle olvidado y deseamos incorporarlo sin tachones.

- **Conclusiones.** Lo más notable que hemos tratado, los puntos clave. Al ser lo último que el corrector lee, deben estar muy cuidadas porque puede influir decisivamente en la nota.
- **Bibliografía.** Reseñar algún libro "comodín" y de los autores nombrados anteriormente. También la legislación significada.
- **Webgrafía.** Alguna general, como revistas digitales, o específica.

En cualquier caso, es **imprescindible** conocer los **criterios de evaluación** que van a seguir los tribunales, máxime si son públicos, como viene ocurriendo en varias comunidades autónomas, y en Andalucía de forma más concreta, tal y como hemos citado en el capítulos anteriores. Debemos, pues, hacer caso de ellos y citar o desarrollar todos los **aspectos** que los criterios mencionan.

Precisamente, el tiempo no lo podemos "regalar" ni despreciar, por lo que si terminamos el examen y aún quedan cinco o diez minutos, debemos **repasar** lo escrito por si se nos ha olvidado algo relevante o no hemos puesto la debida atención a las faltas gramaticales, sesgos sexistas, escritura con "códigos SMS", etc. Así pues, debemos agotar el tiempo subsanando cualquier error.

Si la preparación ha sido buena, nada más hacerse el sorteo de los temas, debemos decidirnos por uno. Inmediatamente nos concentramos y empezamos a desarrollarlo, porque debemos ya tener "**automatizada**" su escritura. Si empezamos a dudar, comenzamos a perder el escaso tiempo que nos dan.

En caso de haber estudiado con "**esquemas**", lo mejor sería hacernos uno en sucio para usarlo como guía en la redacción del examen. Este folio nos sirve también para tomar notas, para ir estructurando el tema, etc. Pero, repetimos, la escritura del tema debemos tenerla automatizada porque si no perdemos el tiempo. Esta hoja la destruiríamos al terminar.

Si hemos preparado una introducción, conclusiones, bibliografía y webgrafía "estándar", podemos irlas escribiendo en el llamado "**tiempo perdido**" que suele haber desde que nos dan los folios hasta que sortean los números de los temas. Después podemos añadir los rasgos específicos del tema ya elegido.

Nuestros preparados suelen preguntarnos por la expresión a usar. Aconsejamos el "**plural mayestático**" (*nosotros, ahora vemos, podemos seguir, observamos*, etc.)

Otro aspecto importante es la **elección** del tema de entre los sorteados. Debemos hacer el que dominemos mejor, el que ya lo hayamos escrito muchas veces durante la preparación, el que nos garantice escribir más folios, en suma, el que nos dé más seguridad.

No olvidar llevarse **agua** y alguna pieza de **fruta**. Normalmente a finales de junio suele hacer mucho **calor** y la sensación de éste aumenta con la tensión del examen.

Ahora adjuntamos una **hoja con un resumen** de los **aspectos formales** del examen escrito del tema, aunque aplicable también a la redacción de los **casos prácticos**.

MODELO ESTÁNDAR DE PRESENTACIÓN PARA PRUEBA ESCRITA

2.- COORDINACIÓN Y EQUILIBRIO EN LA INICIACIÓN AL FÚTBOL ESCOLAR

2.1. CONCEPTUALIZACIONES PRELIMINARES.

Desde un primer momento es adecuado tener en cuenta que cualquier movimiento, por mínimo que sea, requiere coordinación y equilibrio adecuados. Por ejemplo, abrir y cerrar una mano conlleva que una serie de grupos musculares realicen (agonistas) la acción y que otros se relajen (antagonistas) para que aquéllos puedan actuar, así como que otros grupos estabilicen (fijadores) los de la muñeca para que lo anterior pueda tener lugar (Téllez, 2014).

La coordinación nos permite hacer lo pensado, es decir, realizar la imagen mental que nos hemos hecho, el esquema motor. Está íntimamente ligada a las habilidades y destrezas básicas a través de su relación con la coordinación dinámico general y la coordinación óculo-segmentaria, respectivamente (Mateos y Garriga, 2015).

Precisamente, las edades porpias de la Primaria son las más críticas para el desarrollo de las capacidades coordinativas (Bugallal, 2011).

Si nos fijamos atentamente en un partido de fútbol podemos observar numerosas acciones diferentes y que, mal hechas, pueden producir lesiones, como dejinses:

a) Carreras
b) Saltos
c) Giros
d) Lanzamientos

Todos ellos con infinidad de VARIANTES. Para que todos esos gestos "salgan bien" ~~havrá~~ habrá sido necesario un director que regule todos los mov. Esta es la función del sistema nervioso.

PARTES ESTÁNDARES A TODOS LOS TEMAS.

Muchas de las personas que preparamos tienen **problemas** por la falta de tiempo o de, simplemente, por ser poco capaces de aprender **introducciones, conclusiones, bibliografías, legislación y webgrafía** de cada uno de los temas.

Uno de los **remedios** para no "castigar" la memoria es confeccionarse unos "**estándares**" o "**comunes**" que den servicio a estos apartados.

Si a ello le unimos la racionalidad en la confección del Índice, a partir de los tres o cuatro apartados o descriptores del título del tema, hemos ahorrado un esfuerzo a nuestra memoria.

Así pues, vamos a dar una serie de **consejos** para que cada persona lectora los elabore de una forma sencilla pero eficaz unos textos usuales, si bien deberíamos a continuación podríamos **complementarlos** con unos **rasgos específicos** del tema que, prácticamente, nos vienen dado por el **título** del tema que nos escribirá el tribunal en la pizarra de la sala de examen. Por ejemplo, si la Introducción la hacemos en dos páginas, los aspectos comunes pueden suponer entre el 60-75 %, es decir, página y un tercio de la siguiente. Si la Conclusión la hacemos en una única, las tres cuartas partes podemos dedicarla a los textos estandarizados y el resto a los concretos del tema escrito.

INTRODUCCIONES COMUNES A TODOS LOS TEMAS

Cuando hemos hablado con los componentes de los tribunales, habitualmente nos indican que suelen fijarse en el "detalle" de si el opositor ha puesto desde el principio o no **referencias** a la **legislación actual**, debido a que suelen entender que cualquier tema debe redactarse **a partir** de las leyes educativas, decretos y órdenes que las desarrollan. Así pues, debemos hacer mención, **respetando su jerarquía**, de:

- Ley Orgánica 8/2013, de 9 de diciembre, para la mejora de la calidad educativa (LOMCE). B.O.E. nº 295, de 10/12/2013.
- Ley Orgánica 2/2006, de 3 de mayo, de Educación (LOE). B.O.E. nº 106 del 04/06/2006. (Modificada por la LOMCE/2013).
- Ley 17/2007, de 10 de diciembre, de Educación en Andalucía. B.O.J.A. nº 252, de 26/12/2007.
- M. E. C. (2014). *Real Decreto 126/2014, de 28 de febrero, por el que se establece el currículo básico de la Educación Primaria.* B. O. E. nº 52, de 01/03/2014.
- M.E.C. (2015). *Orden ECD/65/2015, de 21 de enero, por la que se describen las relaciones entre las competencias, los contenidos y los criterios de evaluación de la educación primaria, la educación secundaria obligatoria y el bachillerato.* B.O.E. nº 25, de 29/01/2015.
- JUNTA DE ANDALUCÍA (2015). *Decreto 97/2015, de 3 de marzo, por el que se establece la ordenación y el currículo de la educación Primaria en la comunidad Autónoma de Andalucía.* BOJA nº 50 de 13/013/2015.
- JUNTA DE ANDALUCÍA (2015). *Orden de 17 de marzo de 2015, por la que se desarrolla el currículo correspondiente a la educación Primaria en Andalucía.* BOJA nº 60 de 27/03/2015.

No obstante, entendemos que sería un buen detalle **citar** también a las **Competencias Clave**, habida cuenta su importancia a partir de la publicación de la LOE/2006, actualizada por la LOMCE/2013.

Igualmente podemos hacer mención a la legislación correspondiente a la evaluación o a la relacionada con la atención a la **diversidad**, pero tanto texto no nos cabe, de ahí la necesidad de **sintetizar** la información que consideremos más representativa.

Otra línea es plasmar alguna "**frase hecha**", como "*enseñar Educación física con éxito supone diseñar una programación coherente con el contexto, disponer de un amplio abanico de estrategias didácticas, generar un clima de clase que invite al aprendizaje, utilizar adecuadamente los recursos materiales y tecnológicos e integrar la evaluación en el proceso de aprendizaje*" (Blázquez y otros, 2010).

Otro ejemplo puede ser: "*Uno de los fines genéricos que persigue la Educación Física escolar es el de favorecer la ubicación personal del alumno/a en la sociedad, en una cultura corporal donde la escuela proporcione al alumnado los medios apropiados para su acceso y, en consecuencia, conseguir los beneficios que de ella pueden conseguir: desarrollo personal; equilibrio psicofísico; mejorar la salud; disfrutar del tiempo de ocio; etc., así como el desarrollo de la autonomía personal ante las influencias que imponen los nuevos mitos sociales*". "*El cuerpo y el movimiento como ejes básicos de nuestra acción educativa*"; "*el área de Educación Física se muestra sensible a los acelerados cambios que experimenta la sociedad...*"; "*la importancia de las relaciones interpersonales que se generan alrededor de la actividad física permiten incidir en la asunción de valores como el respeto, la aceptación, la cooperación...*", procedentes de legislaciones pasadas, pero de plena actualidad por la temática expresada.

Posteriormente, en la Introducción debemos hacer referencias a la materia que trata el tema elegido, lo que antes hemos referenciado como "rasgos específicos". Esto nos resulta fácil con un poco de práctica, simplemente comentando una o dos líneas a partir del título del tema que el tribunal detalla en la pizarra. No obstante, el sentido de lo que expresemos debe ir encaminado a lo que "vamos a tratar en el desarrollo del tema..."

CONCLUSIONES COMUNES A TODOS LOS TEMAS

Si en las introducciones se basan en lo que "vamos a estudiar en el tema...", con las Conclusiones ocurre al contrario: "a lo largo del tema hemos visto (escrito, estudiado, tratado, etc.) la importancia de..." Para ello podemos **actuar** como antes, es decir, un par de **párrafos comunes** a todas las temáticas. Por ejemplo, "la trascendencia del conocimiento del propio cuerpo, vivenciándolo y disfrutándolo, además de respetarlo". Otra posibilidad es incluir un párrafo basándonos en algunos ejemplos de estos textos **estandarizados**:

"*Todos los niños y niñas tienen el derecho a una educación de calidad que permita su desarrollo integro de sus posibilidades intelectuales, físicas, psicológicas, sociales y afectivas*" (Decreto 328/2010). "*Entendemos la etapa de primaria como fundamental para el desarrollo de las capacidades motrices del alumnado y donde el docente debe observar las deficiencias de éstos para corregirlas lo más rápidamente posible*".

En Andalucía, la O. 17/03/2015, indica que: "*la Educación Física es un área en la que se optimizan las capacidades y habilidades motrices sin olvidar el cuidado del cuerpo, salud y la utilización constructiva del ocio. En Educación física se producen relaciones de cooperación y colaboración, en las que el entorno puede ser estable o variable, para conseguir un objetivo o resolver una situación. La atención selectiva, la interpretación de las acciones de otras personas, la previsión y anticipación de las propias acciones teniendo en cuenta las estrategias colectivas, el respeto de las normas, la resolución de problemas, el trabajo en grupo, la necesidad de organizar y adaptar las respuestas a las variaciones del entorno, la posibilidad de conexión con otras áreas, el juego como herramienta primordial, la imaginación y creatividad".*

Posteriormente plasmamos algunos rasgos de lo más característico que hemos escrito durante la redacción del tema escogido. Realmente se trata de que destaquemos lo más trascendental de cada uno de los apartados de los descriptores del título, pero con información nueva, expresando que "a lo largo del tema hemos visto la importancia de..." o "hemos indicado en la redacción del tema los conceptos, clasificaciones, didáctica de...".

BIBLIOGRAFÍA COMÚN A TODOS LOS TEMAS

Hay quien diferencia **bibliografía** de **legislación**. Nosotros, al estar ambos documentos en formato papel, lo **unificamos**.

Evidentemente cada tema tiene una serie de volúmenes principales o monográficos de apoyo, pero también está muy claro que hay una serie de **libros generales de didáctica** que vienen muy bien tenerlos en cuenta para ponerlos en la mayoría de los temas. Son las publicaciones que habitualmente se manejan en las facultades de Magisterio. Los tribunales suelen valorar más ediciones de los **últimos años**, aunque siempre habrá libros "clásicos", sobre todo las **monografías** de conocidos autores y que son muy **específicas** de los **temas**. Por ejemplo, Delgado Noguera en temas relacionados con la metodología y organización; Blázquez con evaluación y con la iniciación deportiva; Rigal en motricidad, etc.

Algunos ejemplos de bibliografía **común**, es decir, libros que prácticamente en su totalidad tratan **todas** las **materias** de los veinticinco temas, son:

ADAME, Z. y GUTIÉRREZ DELGADO, M. (2009). *Educación Física y su Didáctica. Manual de Programación*. Fondo Editorial de la Fundación San Pablo Andalucía CEU. Sevilla.

ARRÁEZ, J. M.; LÓPEZ, J. M.; ORTIZ, Mª M. y TORRES, J. (1995). *Aspectos básicos de la Educación Física en Primaria. Manual para el Maestro*. Wanceulen. Sevilla.

BLÁZQUEZ, D.; CAPLLONCH, M.; GONZÁLEZ, C.; LLEIXÁ, T.; (2010). *Didáctica de la Educación Física. Formación del profesorado*. Graó. Barcelona.

CAÑIZARES, J. Mª y CARBONERO, C. (2009). *Currículum de Educación Física en Primaria para Andalucía*. Wanceulen. Sevilla.

CAÑIZARES, J. Mª y CARBONERO, C. (2009). *Currículum de Educación Física en Primaria*. Wanceulen. Sevilla.

CHINCHILLA, J. L. y ZAGALAZ, M. L. (2002). *Didáctica de la Educación Física*. CCS. Madrid.

CONTRERAS, O. R. y GARCÍA, L. M. (2011). *Didáctica de la Educación Física. Enseñanza de los contenidos desde el constructivismo.* Síntesis. Madrid.

CONTRERAS, O. y CUEVAS, R. (2011). *Las Competencias Básicas desde la Educación Física.* INDE, Barcelona.

FERNÁNDEZ GARCÍA, E. -coord.- (2002). *Didáctica de la Educación Física en la Educación Primaria.* Síntesis. Madrid.

FERNÁNDEZ GARCÍA, E. -coord.- CECCHINI, J. A. y ZAGALAZ, Mª L. (2002). *Didáctica de la educación física en la educación primaria.* Síntesis. Madrid.

GALERA, A. D. (2001). *Manual de didáctica de la educación física. Una perspectiva constructivista moderada.* Vol. I y II. Paidós. Barcelona.

GIL MORALES, P. (2001). *Metodología didáctica de las actividades físicas y deportivas.* Fundación Vipren. Cádiz.

SÁENZ-LÓPEZ, P. (2002). *La Educación Física y su Didáctica.* Wanceulen. Sevilla.

SÁNCHEZ BAÑUELOS, F. (1996) *Bases para una Didáctica de la Educación Física y los Deportes.* Gymnos. Madrid.

SÁNCHEZ BAÑUELOS, F. y FERNÁNDEZ, E. -coords.- (2003). *Didáctica de la Educación Física para Primaria.* Prentice Hall.

SÁNCHEZ GARRIDO, D. y CÓRDOBA, E. (2010). *Manual docente para la autoformación en competencias básicas.* C.E.J.A. Málaga.

VICIANA, J. (2002). *Planificar en Educación Física.* INDE. Barcelona.

VILLADA, P. y VIZUETE, M. (2002). *Los Fundamentos teóricos-didácticos de la Educación Física.* Secretaría General Técnica del M. E. C. D. Madrid.

VV. AA. (2008). *Colección de manuales de atención al alumnado con necesidades específicas de apoyo educativo.* (10 volúmenes). C. E. J. A. Sevilla.

ZAGALAZ, Mª L.; CACHÓN, J.; LARA, A. (2014). *Fundamentos de la programación de Educación Física en Primaria.* Síntesis. Madrid.

Esta relación, o parte de ella, no debe aparecer en exclusiva. Antes que nada debemos recordar que es muy conveniente **reseñar autores y año** de publicación **durante** la **redacción** de los diversos apartados o descriptores. Esto, obviamente, nos obliga a incluirlos en la bibliografía "específica" de cada tema. Por ejemplo, en los temas relacionados con la psicomotricidad (7 – 9 – 10 – 11) recomendamos citar a:

RIGAL, R. (2006). *Educación motriz y educación psicomotriz en Preescolar y Primaria.* INDE. Barcelona.

SASSANO, M. (2015). *El cuerpo como origen del tiempo y del espacio. Enfoques desde la Psicomotricidad.* Miño y Dávila editores. Buenos Aires.

TAMARIT, A. (2016). *Desarrollo cognitivo y motor.* Síntesis. Madrid.

Hay una serie de **documentos legislativos** "obligatorios" porque, entre otras cosas, los hemos debido referir en el examen escrito. Además, debemos reseñar otros **específicos** de los temas. Por ejemplo, si tratamos la "evaluación", debemos anotar la Orden de 4 de noviembre de 2015, por la que se establece la ordenación de la evaluación del proceso de aprendizaje del alumnado de educación Primaria en la Comunidad Autónoma de Andalucía.

La legislación general ya la hemos indicado en el apartado anterior sobre "Introducciones comunes", aunque referida a Andalucía. **Cada persona opositora debe adecuarla a la comunidad autónoma donde se presente.**

WEBGRAFÍA COMÚN A TODOS LOS TEMAS

Hoy día muchas de nuestras fuentes consultadas se encuentran en **Internet**, de ahí que debamos señalar algunas **webs fiables**. Nos inclinamos por revistas electrónicas de prestigio en la didáctica general y en la educación física en particular, así como a los portales de las propias **consejerías** de educación de la comunidades autónomas. Todas ofrecen recursos didácticos, experiencias… y legislación aplicada.

Algunos ejemplos, son:

http://www.agrega2.es
http://recursos.cnice.mec.es/edfisica/
http://www.ite.educacion.es/es/recursos
http://www.educarm.es/admin/recursosEducativos#nogo
www.juntadeandalucia.es/educacion/descargasrecursos/curriculo-primaria/index.html
http://www.gobiernodecanarias.org/educacion/webdgoie/
http://www.educarex.es/web/guest/apoyo-a-la-docencia
http://www.catedu.es/webcatedu/index.php/recursosdidacticos
http://www.adideandalucia.es

TEMA 24

LA EVALUACIÓN DE LA EDUCACIÓN FÍSICA EN LA EDUCACIÓN PRIMARIA. EVALUACIÓN DEL PROCESO DE APRENDIZAJE Y DEL PROCESO DE ENSEÑANZA: MECANISMOS E INSTRUMENTOS. FUNCIÓN DE LOS CRITERIOS DE EVALUACIÓN DE ETAPA.

ÍNDICE

INTRODUCCIÓN

1. LA EVALUACIÓN DE LA EDUCACIÓN FÍSICA EN LA EDUCACIÓN PRIMARIA.

    1.1. Concepto.

2. EVALUACIÓN DEL PROCESO DE APRENDIZAJE Y DEL PROCESO DE ENSEÑANZA: MECANISMOS E INSTRUMENTOS.

    2.1. Evaluación del proceso de aprendizaje.

        2.1.1. Criterios de evaluación de la etapa primaria, área de educación física.

        2.1.2. Evaluar por competencias.

        2.1.3. Técnicas de evaluación y formas de medición.

        2.1.4. Tipos de evaluación.

    2.2. Evaluación del proceso de enseñanza (la acción didáctica).

        2.2.1. Evaluación del profesorado.

    2.3. Mecanismos e instrumentos de evaluación.

        2.3.1. Técnicas de observación.

            2.3.1.1. Observación directa.

            2.3.1.2. Observación indirecta.

        2.3.2. Pruebas de experimentación.

    2.4.- Aplicación de las tecnologías de la información y de la comunicación (TIC) en la evaluación de educación física.

    2.5.- Evaluación al alumnado con N.E.A.E.

3. FUNCIÓN DE LOS CRITERIOS DE EVALUACIÓN DE ETAPA.

CONCLUSIONES
BIBLIOGRAFÍA
WEBGRAFÍA

INTRODUCCIÓN

Evaluar es, ante todo, valorar, recabando el mayor número de datos posibles respecto al proceso. Siempre que aparezca el concepto enseñanza-aprendizaje lo hará la evaluación como sinónimo de conocimiento de ese proceso y de los elementos que lo componen con la pretensión de mejorarlo (Delgado y Tercedor, 2002).

El proceso evaluador no sólo se refiere al aprendizaje del alumnado, sino también a la enseñanza que hace el docente y el programa que desarrolla (Chinchilla y Zagalaz, 2002).

Sanmartí (2007), entiende que enseñar, aprender y evaluar son tres procesos que no se pueden separar.

Aunque las reseñas válidas relativas a la evaluación son abundantes, conviene adoptar desde un principio una postura crítica y consecuente para analizar tanta información. En las páginas siguientes, haremos referencia a una serie de **autores** cuyas perspectivas no son siempre coincidentes, si bien, en muchos casos, pueden considerarse complementarias. La evaluación no es un hecho aislado, sino un proceso formado por varias fases, como veremos en el Tema (Zagalaz y otros 2014).

Dentro de la evaluación científica y sistemática se encuentra la educativa, que tiene unas características que hacen que tenga entidad propia y que esté presente desde siempre en nuestro ámbito (Díaz, 2005).

En evaluación nos encontramos con paradigmas **cualitativos** y **cuantitativos,** y evaluación por competencias que van estrechamente unidas a los objetivos (ECD/65/2015). También citamos la evaluación referida a la **norma** o evaluación referida al **criterio**, evaluación **continua**: diagnóstica, formativa y sumativa. Por otro lado, resulta igualmente amplio y heterogéneo lo referido a **técnicas** e **instrumentos**, sobre todo con la última tendencia sobre el uso de **Rúbricas o Matrices**.

Así pues, la evaluación constituye uno de los actos docentes que más repercusiones tiene en el alumnado. Las decisiones del maestro o maestra, referidas a la superación de las áreas del currículo por parte del alumnado, a la promoción de curso o nivel, a la verificación de los objetivos previstos... son consideradas en muchas ocasiones un difícil problema.

En Andalucía debemos significar la Orden de 04/11/2015, por la que se establece la ordenación de la evaluación del proceso de aprendizaje del alumnado de educación primaria en la Comunidad Autónoma de Andalucía, indica que la valoración del **nivel competencial** del alumnado debe estar **integrado** con la evaluación de los **contenidos** de las distintas **áreas**.

Por otro lado, no debemos desdeñar nuevas formas que nos ayudan en el proceso evaluador, como los **programas informáticos** (Martínez López, 2001) o el nuevo concepto de "evaluación por competencias" (Blázquez y Sebastiani, -coords.- 2009).

1. LA EVALUACIÓN DE LA EDUCACIÓN FÍSICA EN EDUCACIÓN PRIMARIA.

1.1. CONCEPTO.

Hasta la Ley General de Educación, de 1970, el término evaluación no se introduce en el lenguaje pedagógico de nuestro país (Zagalaz, 2003).

En nuestro contexto, sin necesidad de remontarnos muy atrás en el tiempo, era fácil encontrarse con la siguiente simplificación: **evaluar es igual a calificar** a los alumnos para dar respuestas a corto plazo a las presiones de éstos, de los padres y de la Administración (Díaz, 2005). Hoy día la preocupación por la evaluación del sistema educativo está muy extendida (Castillo, 2002).

Por ello, el concepto evaluación ha tenido **diferentes acepciones** según han ido evolucionando los modelos educativos y posee significaciones desiguales en función de la noción que se le asigne.

La evaluación se entiende como una actividad básicamente valorativa e investigadora -la nota es un dato más del proceso-. Facilitadora del cambio educativo -introduce modificaciones cuando se detectan errores- y potencia el desarrollo profesional docente (Blázquez y otros, 2010).

Contreras (2004), destaca su carácter procesual que la convierte en una actividad sistemática integrada en el binomio enseñanza-aprendizaje y que utiliza múltiples procedimientos en función de los individuos a los que va dirigida.

La evaluación se concibe como un mecanismo esencial de autorregulación de los sistemas educativos (Chinchilla y Zagalaz, 1997).

Evaluación, en términos generales, es la actividad que, en función de unos criterios, trata de obtener una determinada información de un sistema en su conjunto o de uno o de varios de los elementos que los componen, personas, programa, institución o centro, situación, etc., siendo su finalidad poder formular un juicio y tomar las decisiones pertinentes y más adecuadas respecto a aquello que ha sido evaluado (Stake, 2006).

González Halcones (1995) la define como *"la interpretación, mediante pruebas, medidas y criterios, de los resultados alcanzados por alumnado, profesorado y proceso de enseñanza/aprendizaje en la ejecución pormenorizada de la programación"*.

El **docente** ha de tener una especial preocupación por la evaluación, siendo la **persona** que maneja la información, que la enjuicia y, en función de esa valoración, inicia acciones y toma decisiones, es decir, **evalúa**.

El D. 97/2015 y la O. de 04/11/2015, indican que la evaluación del proceso de aprendizaje del alumnado:

- Será **continua** para detectar de inmediato una dificultad y poner remedio.

- Será **global**, porque se referirá a las competencias clave y a los objetivos generales de la etapa y tendrá como referente el progreso del alumnado, las características propias del mismo y el contexto sociocultural del centro docente.

- Tendrá un carácter **formativo y orientador** del proceso educativo y proporcionará una información constante que permita mejorar tanto los procesos como los resultados de la intervención educativa.

- Haremos una evaluación **criterial**, con **observación** continuada de la evolución del proceso de aprendizaje de cada alumno o alumna y de su maduración personal. Los **criterios** de evaluación y los **estándares de aprendizaje** de las áreas serán referente fundamental para valorar tanto el grado de adquisición de las competencias clave como el de consecución de los objetivos. Si el progreso del alumnado no fuese el adecuado, debemos establecer medidas de **refuerzo educativo** en cualquier momento del proceso.

- Los proyectos educativos de los centros docentes establecerán el sistema de **participación** del alumnado y de sus padres, madres o tutores legales en el desarrollo del proceso de evaluación.

- Los maestros y las maestras evaluaremos los **aprendizajes** y los **procesos** de enseñanza y nuestra propia **práctica** docente, para lo que **estableceremos indicadores de logro** (referentes de evaluación de las CC. Clave) **en las programaciones didácticas**.

Por otro lado, existen unas **características diferenciales** de la evaluación en educación física con respecto a las otras áreas. Zagalaz (2003) y Blázquez (2008), señalan a:

- El carácter **lúdico** de la Educación Física hace que la mayoría de objetivos planteados sean de satisfacción personal más que de búsqueda de aprendizajes utilitarios.

- La ausencia de un contenido estable. Mientras que áreas como matemáticas o lengua tienen un objeto de enseñanza identificable, la nuestra utiliza un variado abanico de conocimientos. Por ello, programar y evaluar es **más complejo** en Educación Física.

- El carácter funcional de la Educación Física hace que los progresos de algunos aprendizajes, como la condición física, puedan ser debidos más al **desarrollo evolutivo** que a las actividades realizadas en clase.

2. EVALUACIÓN DEL PROCESO DE APRENDIZAJE Y DEL PROCESO DE ENSEÑANZA: MECANISMOS E INSTRUMENTOS.

Por **proceso** entendemos la continuidad de una serie de **pasos** y cambios que se suceden para alcanzar el objetivo. Dentro del ámbito educativo, globalmente nos referimos al de **aprendizaje** (que hace el alumnado) y al de **enseñanza** (que hace el profesorado).

En este **punto iremos viendo** cómo evaluamos el proceso de aprendizaje que tiene el alumnado, así como los criterios de evaluación oficiales del Área. Después trataremos las técnicas de evaluación (objetivas y subjetivas); las formas de medir con las que se corresponden (cuantitativa y cualitativa) y los tipos de evaluación en función de diversas variables: sistematización, referencia, ámbito y participación del alumnado (Blázquez y otros, 2010).

En cualquier caso, debemos reseñar lo indicado por la O. 04/11/2015: "*la evaluación puede llegar a ser un elemento valioso para contribuir al **desarrollo de los*** *centros por lo que implica para la mejora continua de las **prácticas docentes** y por las posibilidades que ofrece para la **innovación y la investigación** educativa".*

2.1. EVALUACIÓN DEL PROCESO DE APRENDIZAJE.

El currículo oficial determina las **capacidades** que el alumnado habrá debido desarrollar al finalizar la Educación Primaria y las competencias clave que debe alcanzar, como resultado de los aprendizajes realizados en el área de Educación Física. Vienen expresadas en los **objetivos generales del área** (O. 17/03/2015) y los **contenidos** (R.D. 126/2014 y O. 17/03/2015), tratados globalmente, son la referencia a partir de la cual maestras y maestros tenemos que implementar la enseñanza.

Debemos evaluar al alumnado de forma **personalizada**, por lo que es necesario partir de sus propias posibilidades, permitiendo su libre expresión y observar cuál ha sido su propia progresión, sin tener en cuenta al resto del grupo. *"La evaluación, como parte esencial del proceso de enseñanza-aprendizaje, **no puede limitarse** a la mera **comprobación** de que los **conocimientos** han sido **memorizados**"* (O. 04/10/2015).

Zagalaz (2003), señala que debemos valorar en el alumno tres ámbitos:

- **Cognitivo**. Por ejemplo, conocimiento del funcionamiento del cuerpo en movimiento, de los aspectos higiénicos, etc.
- **Afectivo**. Por ejemplo, aceptación de valores, cooperación, participación, etc.
- **Motor**. El grado de habilidad motriz.

De forma **general** debemos preguntarnos (Zagalaz, Cachón y Lara, 2014):

- **¿Qué evalúo?** Los **criterios** de evaluación programados, **individualizados**, que proceden de los del Área. ¿Alcanza o no el objetivo? Por ejemplo, objetivo: coordinar los saltos de obstáculos. Criterio o indicador: ¿coordina los saltos de obstáculos impulsando con el pie dominante? Comprende las áreas cognitiva, social-afectiva y motriz.

- **¿Cuándo evalúo?** Su **temporalidad**, la evaluación continua y sus tres fases: al inicio o diagnóstica, durante el proceso o formativa y final o sumativa.

- **¿Cómo evalúo?** Los **instrumentos**. Por ejemplo:

    - Ámbito cognitivo: cuaderno, cuestionarios, trabajos, murales, etc.
    - Ámbito motor: observación sobre la práctica, test, listas, escalas, pruebas, etc.
    - Ámbito socio-afectivo: lista de control, observaciones, etc.
    - También es instrumento cualquier tipo de "herramienta" que usemos para evaluar la práctica docente, la unidad, etc., como las **Apps** para móviles y tabletas, por ejemplo Idoceo.

- **¿Quién evalúa?** Los agentes o persona/s prevista/s: docente, alumnado... Esto da lugar a la heteroevaluación, autoevaluación, coevaluación...

2.1.1. CRITERIOS DE EVALUACIÓN DE ETAPA PRIMARIA, ÁREA DE EDUCACIÓN FÍSICA.

El currículo oficial nos ofrece unos **criterios** de evaluación, indicando los **aprendizajes** que se consideran **indispensables**, así como las **competencias clave** a **lograr** y que todos y cada uno de los alumnos tienen que adquirir para continuar con éxito su proceso de aprendizaje.

Los **criterios** de evaluación se **establecen** con respecto a los **objetivos** de área y en íntima relación con los bloques de **contenidos**, marcados al principio del proceso. Son las **líneas maestras** que van a dirigir el proceso de evaluación, son normas para medir el grado de consecución de los objetivos de aprendizaje. En el siguiente gráfico podemos comprobar un ejemplo que demuestra su **coherencia interna** a partir del <mapa de desempeño>, es decir, *"secuenciación de objetivos del área a través de los criterios de evaluación por ciclo y su relación con los de la etapa y los estándares de aprendizaje del R. D. 126/2014"* (O. 17/03/2015).

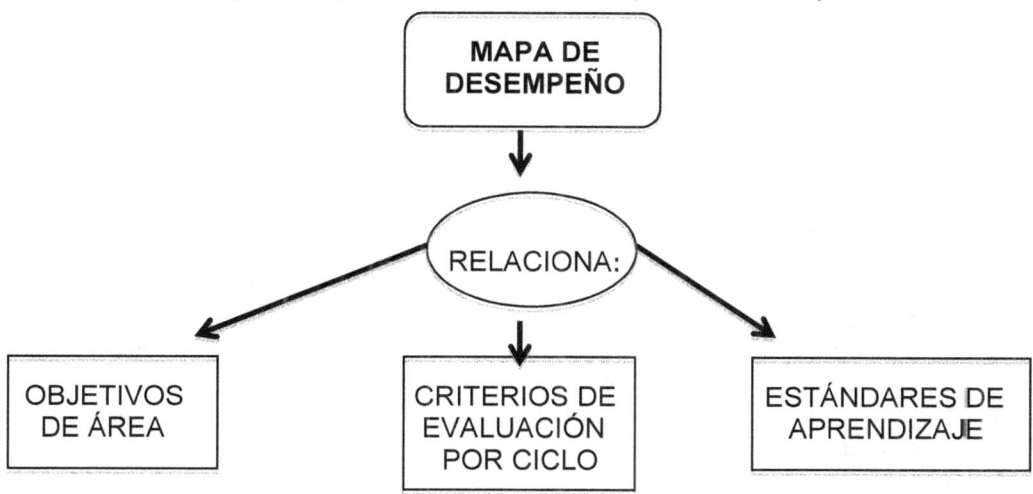

El R. D. 126/2014, nos indica:

a) **Estándares de aprendizaje evaluables**: son especificaciones de los criterios de evaluación que permiten definir los resultados de aprendizaje, y concretan lo que el alumno debe saber, comprender y saber hacer en cada asignatura; deben ser observables, medibles y evaluables y permitir graduar el rendimiento o logro alcanzado. Su diseño debe contribuir y facilitar el diseño de pruebas estandarizadas y comparables.

b) **Criterios de evaluación**: son el referente específico para evaluar el aprendizaje del alumnado. Describen aquello que se quiere valorar y que el alumnado debe lograr, tanto en conocimientos. *"Los criterios relacionan todos los elementos del currículo y se definen en Andalucía como el referente fundamental para la comprobación conjunta tanto del grado de adquisición de las competencias clave, como del logro de los objetivos de la etapa"* (O. 04/11/2015).

Para el área de Educación Física establece **13 criterios de evaluación**. Están **relacionados** con los niveles alcanzados de (R. D. 126/2014):

- Habilidades perceptivo-motrices y básicas
- Expresión y comunicación
- Ajustes tácticos en el juego
- Conceptos propios del área
- Salud, higiene, alimentación

- Condición física
- Actitudes
- Conocimiento de actividades física, lúdicas, deportivas y expresivas.
- Críticas a conflictos
- Juego en el medio natural
- Seguridad en el juego
- Uso de las TIC
- Respeto a sí mismo, a los demás y a las reglas

Algunos ejemplos de los **44 estándares** o concreciones de los criterios que indica el R.D. 126/2014, son:

1.1. Adapta los desplazamientos a diferentes tipos de entornos y de actividades físico deportivas y artístico expresivas ajustando su realización a los parámetros espacio-temporales y manteniendo el equilibrio postural.
2.2. Representa o expresa movimientos a partir de estímulos rítmicos o musicales, individualmente, en parejas o grupos.
4.1. Identifica la capacidad física básica implicada de forma más significativa en los ejercicios.

No confundir el "***mapa de desempeño***" con el "***desarrollo curricular del área***". En ambos apartados de la O. 17/03/2015 aparece la **evaluación**. El desarrollo curricular "*presenta los criterios de evaluación de cada uno de los ciclos y su relación con el resto de elementos curriculares. Partiendo de cada criterio de evaluación, que describe los aprendizajes imprescindibles y fundamentales que el alumnado tiene que alcanzar en cada área, se ofrecen orientaciones y ejemplificaciones de actividades y tareas y se concretan los contenidos necesarios. También se definen indicadores de evaluación como concreción y secuenciación de los estándares de aprendizaje evaluables de final de etapa, establecidos en los Anexos I y II del R.D. 126/2014, complementándolos con procesos y contextos de aplicación. La integración de estos elementos en diversas actividades y tareas genera competencias y contribuye al logro de los objetivos que se indican en cada uno de los criterios*" (O. 17/03/2015).

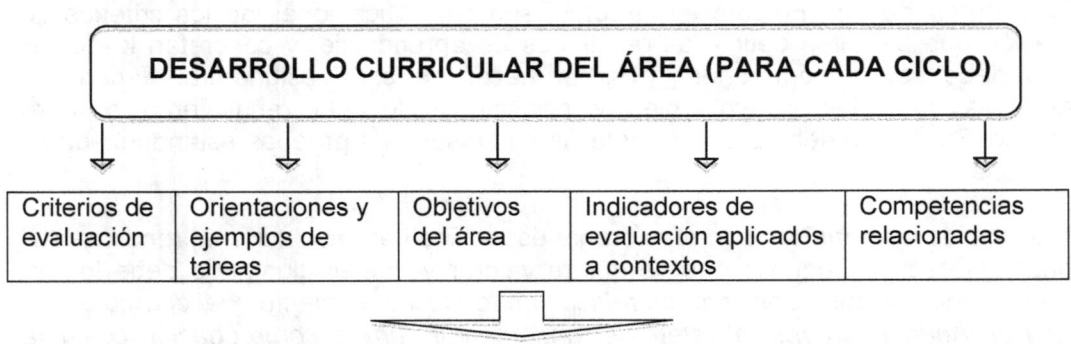

2.1.2. EVALUAR POR COMPETENCIAS.

La O. ECD/65/2015, sobre la evaluación de las CC. Clave, indica que "*las competencias clave deben estar estrechamente **vinculadas** a los objetivos para que la consecución de los mismos lleve implícito el desarrollo competencial del alumnado. Así mismo, establece que la **valoración del nivel competencial** adquirido por el alumnado debe estar **integrado** con la **evaluación de los contenidos** de las distintas áreas*". También manifiesta que:

- *Debemos tener en cuenta el grado de dominio de las competencias, a través de procedimientos e instrumentos de obtención de datos de acuerdo con sus desempeños en la resolución de problemas que simulen contextos reales, movilizando sus conocimientos, destrezas, valores y actitudes.*
- *Estableceremos las relaciones de los estándares de aprendizaje evaluables[1] con las competencias a las que contribuyen, para lograr la evaluación de los niveles de desempeño competenciales[2] alcanzados por el alumnado.*
- *La evaluación del grado de adquisición de las competencias debe estar integrada con la evaluación de los contenidos.*
- *Los niveles de desempeño de las competencias se podrán medir a través de indicadores de logro[3], tales como rúbricas[4] o escalas de evaluación que tengan en cuenta el principio de atención a la diversidad, de no discriminación, accesibilidad y diseño universal.*
- *Usaremos procedimientos de evaluación variados.*
- *Incorporaremos estrategias que permitan la participación del alumnado en la evaluación de sus logros, como la autoevaluación, la evaluación entre iguales o la coevaluación.*

En todo caso, los distintos procedimientos de evaluación utilizables, como la observación sistemática del trabajo de los alumnos, las pruebas orales y escritas, el portfolio, los protocolos de registro, o los trabajos de clase, permitirán la integración de todas las competencias en un marco de evaluación coherente".

Para valorar el desarrollo competencial del alumnado, serán estos estándares de aprendizaje evaluables, como elementos de mayor concreción, observables y medibles, los que, al ponerse en relación con las competencias clave, permitirán graduar el rendimiento o desempeño alcanzado en cada una de ellas.

El conjunto de estándares de aprendizaje evaluables de un área o materia determinada dará lugar a su perfil de área o materia.

Todas las áreas y materias deben contribuir al desarrollo competencial. El conjunto de estándares de aprendizaje evaluables de las diferentes áreas o materias que se relacionan con una misma competencia da lugar al perfil de esa competencia (perfil de competencia). La elaboración de este perfil facilitará la evaluación competencial del alumnado" (O. ECD/65/2015).

En la evaluación por competencias aparece el término "**indicadores de logro**", que se corresponden con un objetivo, están relacionados con el criterio ya que

---

[1] Estándares de aprendizaje evaluables. Son especificaciones de los criterios de evaluación que permiten definir los resultados de aprendizaje, y que concretan lo que el alumno debe saber, comprender y saber hacer en cada asignatura.

[2] Niveles de desempeño competenciales. Describen las competencias del alumnado en cuarto a lo que saben y saben hacer según la prueba en cada área y grado evaluado. Al evaluar desempeños o ejecuciones tenemos que decidir qué es lo que tendrá que hacer el estudiante para demostrar su desempeño en una tarea y que se pueda verificar. Al concluir la prueba, se evalúa también el producto final.

[3] Indicadores de logro. Son los referentes de evaluación para valorar el desarrollo de las competencias. De cada competencia se identifican varios indicadores para saber si la está consiguiendo. Son enunciados que, respecto a una o varias competencias dadas, identifican un tipo de guía o patrón de conducta adecuado, eficaz, positivo. Proporcionan, al tiempo, una vía directa para determinar, de manera objetivable, el grado en que se alcanzan las competencias. Por ejemplo, "capta la idea global de las informaciones dadas sobre el calentamiento"; "diseña y elabora reglas de un nuevo juego cooperativo".

[4] Una rúbrica o matriz de valoración, es un recurso o herramienta para la evaluación y calificación del aprendizaje, de los conocimientos o del desempeño del alumnado en una actividad concreta (o en un módulo, bloque o materia) y que establece criterios o indicadores y una escala de valoración para cada uno de ellos (ver gráficos-ejemplos en punto 2.3.1.2.c).

emanan del él, lo especifican y tienen la misión de demostrar lo que el alumno/a ha aprendido. Por ejemplo, para una U. D. relacionada con la afirmación de la lateralidad en 1º ciclo:

- **Objetivos didácticos**:
    - Afirmar la lateralidad
    - Desarrollar la imagen corporal
    - Aumentar el nivel de las habilidades perceptivo motrices relacionadas con la lateralidad
    - Usar convenientemente los segmentos corporales
    - Observar y mejorar el dominio lateral visual, auditivo, manual y pédico

Evidentemente, la consecución de estos objetivos hace que contribuyamos al desarrollo de varias **Competencias Clave**. Por ejemplo:

- Desarrollo de la *competencias sociales y cívicas*. Los juegos motores tienen unas reglas que es preciso respetar para el trabajo colectivo.
- Adquisición de la *conciencia y expresiones culturales*. Las actividades propuestas en la U. D. los alumnos experimentan con los recursos expresivos corporales.
- Consecución del *Sentido de iniciativa y espíritu emprendedor,* en la medida que el alumnado mejora el esquema corporal y las habilidades perceptivo-motrices. Esto significa un incremento en su propia autonomía y autoconfianza.
- Adquisición de la *competencia en comunicación lingüística,* ya que las actividades que propongamos implican escuchar y comprender los mensajes orales.

- **Criterio de evaluación** nº 3: Realizar lanzamientos y recepciones y otras habilidades que impliquen manejo de objetos, con coordinación de los segmentos corporales y situando el cuerpo de forma apropiada.

- **Indicadores de logro**:
    - Distingue su mano dominante.
    - Discrimina la zona derecha de la izquierda en sí mismo.
    - Es capaz de lanzar-recepcionar una pelota entre sus manos.
    - Hace lanzamientos precisos con una pelota usando su mano dominante.
    - Puede guiñar un ojo independientemente del otro
    - Lanza y recepciona una pelota contra la pared con el pie dominante.

La LOMCE/2013 destaca la *necesidad de compromisos compartidos entre* **familias** *y profesorado* en diferentes momentos. En concreto, recoge que los padres o tutores deberán **participar** *y apoyar la evolución del proceso educativo* de sus hijos o tutelados, conocer las decisiones relativas a la evaluación y promoción y, finalmente, *colaborar en las medidas de apoyo o refuerzo* que adopten los centros para facilitar su progreso educativo.

2.1.3. TÉCNICAS DE EVALUACIÓN Y FORMAS DE MEDICIÓN.

La "técnica" de evaluación es la forma específica que tenemos para la **elaboración** o producción de los **datos** a observar. En Educación Física podemos hablar fundamentalmente de dos grandes **técnicas** de evaluación: **objetiva** y

subjetiva, que se corresponden con dos formas de medición: **cuantitativa** y **cualitativa** (Contreras y García, 2011).

Evaluación **objetiva** es la que resulta de la utilización de **test** mensurables o cuantificables previamente elaborados. El juicio del maestro no puede alterar los resultados.

Evaluación **subjetiva** es la que depende prioritariamente del **juicio** del docente; basada por lo general en su experiencia personal e influenciada por factores emocionales.

En la actualidad se tiende a utilizar en lo posible la evaluación de tipo objetivo, pero, dada la diversidad de aprendizajes que tienen cabida en el currículo de Educación Física y las **dificultades** que ello entraña para evaluar algunos aspectos educativos, nos es imprescindible la utilización de ambos tipos.

Cuantitativa es toda medición que se asienta en una escala de **medida física** que permite cuantificar, de manera absoluta, una característica particular de la entidad evaluada. Por escala de medida se entiende el tiempo, la distancia, el peso, el número de repeticiones, etc. En consecuencia, una técnica de medición cuantitativa es considerada **objetiva** puesto que el examinador no ejerce ninguna influencia sobre la escala de medición ni sobre el resultado.

Cualitativa es aquella que se basa en una escala de **medición mental** dependiente del pensamiento del examinador. Por oposición a las técnicas cuantitativas, las cualitativas son generalmente asumidas como subjetivas, es decir, en función de juicios de valor y sus variaciones.

Las técnicas de medición cuantitativas conducen siempre a resultados cuantitativos; éstos pueden expresarse posteriormente mediante una **escala** cualitativa, como por ejemplo: "muy deficiente", "insuficiente", "suficiente", "bien" o "excelente". En cuanto a las técnicas cualitativas, éstas pueden conducir a resultados cuantitativos o cualitativos, pues la escala elegida no hace más que reflejar el pensamiento del examinador.

Chinchilla y Zagalaz (2002) aportan la "evaluación **mixta**", que está delimitada por aspectos de la objetiva y subjetiva.

2.1.4. TIPOS DE EVALUACIÓN.

Siguiendo a Blázquez y otros (2010) y a Sebastiani -coord.-, (2009), son varias las formas o maneras de hacerla, atendiendo a variables heterogéneas. Las hemos ordenado en categorías no excluyentes y suponen diversas posibilidades de actuación. El profesorado, según su criterio, el contexto del centro y el momento del proceso, deberá **decidirse** por uno o varios modos. En un cuadro las sintetizamos y posteriormente las explicamos brevemente:

TIPOS DE EVALUACIÓN ATENDIENDO A:	CÓMO HACERLA		
a) Según su sistematización y regularización	Evaluación Continua:		
	E. Inicial	E. Formativa	E. Sumativa
b) Según la referencia	Evaluación Normativa	Evaluación Criterial	
c) Según el ámbito de su aplicación	Evaluación Interna (profesorado y alumnado)	Evaluación Externa (Institucional o de la Administración)	
d) Según la participación del alumnado en el proceso evaluador	Heteroevaluación	Auto-evaluación	Recíproca o co-evaluación	Del Proceso y Profesorado

a) **Según su sistematización y regularización. Evaluación continua.** Condensado de Fernández -coord.- (2002), Delgado y Tercedor (2002), Zagalaz (2003) Díaz (2005), Blázquez (2008) y Sebastiani -coord.- (2009).

Se refiere a la **ordenación** y **periodicidad** con la que se produce. El conocimiento y la valoración de la consecución de los objetivos parciales (evaluación continua) nos permiten introducir **correcciones** que facilitan el logro de los objetivos intermedios de cada unidad didáctica y de cada nivel educativo y, como consecuencia, también el de los últimos fines de perfeccionamiento.

Los principales medios son la **observación** del maestro y la **valoración** de las actividades que el alumno desarrolla cotidianamente. La dificultad reside en que el docente ha de compaginar la atención al alumno y a los restantes compañeros.

La Evaluación Continua tiene **tres fases**:

- **Evaluación Inicial.** Nos permite conocer las bases, capacidades, estado físico, intereses, motivaciones y aprendizajes previos del alumnado, datos imprescindibles para determinar los objetivos a trabajar. Es la **competencia curricular previa**.

    La O. de 04/11/2015, indica que es obligatoria hacerla al inicio de cada curso escolar, durante el primer mes. A partir de aquí se obtienen los datos para la toma de decisiones curriculares (apoyo, etc.).

- **Evaluación Formativa, Progresiva, o del Proceso.** Base fundamental del proceso de evaluación. Proporciona información válida y relevante tendente a mejorar el proceso de enseñanza-aprendizaje. ¿Cómo van aprendiendo? ¿Dónde están surgiendo las dificultades de aprendizaje y cómo las podemos subsanar, adoptando, de forma fundamentada, las decisiones necesarias? Se apoya en la **observación** que el docente lleva a cabo sobre el comportamiento del alumnado y en el análisis sistémico del trabajo escolar usando algunas pruebas específicas. Tan pronto como encontremos dificultades de aprendizajes tomaremos las medidas pertinentes.

- **Evaluación Final o Sumativa.** Constituye una **síntesis** de los resultados de la evaluación progresiva, teniendo en cuenta la evaluación inicial y los objetivos previstos, sean éstos los didácticos de cada unidad o, en última instancia, los objetivos generales de área. Así pues, pretende valorar, interpretar y juzgar los resultados obtenidos. Se realiza al final de una unidad de enseñanza-aprendizaje (unidad didáctica, curso, ciclo, etapa, etc.) y hay que informar a las familias regularmente e indicarle los criterios de evaluación, como indica el artículo 10 del D. 328/2010, de 13 de julio, por el que se aprueba el Reglamento Orgánico de las escuelas infantiles de segundo grado, de los colegios de educación primaria, de los colegios de educación infantil y primaria, y de los centros públicos específicos de educación especial, BOJA nº 139, de 16/07/2010.

b) **Según la referencia. Evaluación normativa o criterial**. Lo hemos extractado de Fernández -coord.- (2002), Delgado y Tercedor (2002), Hernández y Velázquez (2004) y Díaz (2005), Blázquez (2008) y Sebastiani -coord.- (2009).

Un segundo tipo de decisión es la referencia mediante la cual se otorga significado a las informaciones que, una vez contrastadas, permiten emitir un **juicio de valor**. Podemos considerar dos tipos de información. Una, en la que el individuo es valorado en relación con el rendimiento de un grupo: evaluación referida a la **norma** (comparación relativa). Y otra, en función al grado con el que el alumno ha alcanzado un nivel de actuación o desarrollo: evaluación en relación con un **criterio**, para la que se precisa la definición explícita del objetivo propuesto (comparación absoluta).

- **Evaluación referida a la Norma**. Corresponde a la intención de **comparar** el resultado de un individuo con un baremo previamente establecido. Es un modo de evaluar que **no** debemos realizar, porque no nos interesa tanto el **producto** resultante como el **proceso** de cambio. Se puntúa el resultado absoluto.

- **Evaluación referida al Criterio**. Ahora se trata, en cambio, de saber el punto de partida de cada cual, con objeto de conocer su progresión personal, valorándose ésta (Stake, 2006).

c) **Evaluación según el ámbito de aplicación**. Resumido de Sales (2001), Hernández y Velázquez (2004), Blázquez (2008) y Sebastiani -coord.- (2009).

Se señala si está efectuada por personas implicadas directamente en el proceso de enseñanza, o si existen intervenciones ajenas a este proceso. Destacamos a dos:

- **Evaluación Externa**.

  Realizada por una institución ajena al propio centro. Es exterior al acto pedagógico y su misión es evaluar la infraestructura docente y su adecuación a las exigencias sociales, aunque a menudo su influencia llega hasta la actuación final del maestro o maestra. La realiza la propia Delegación de Educación a través de una serie de profesionales que envía a los centros.
  La O. ECD65/2015, indica que "*las evaluaciones externas de fin de etapa previstas en la Ley Orgánica 8/2013, de 9 de diciembre, para la Mejora de Calidad Educativa (LOMCE), tendrán en cuenta, tanto en su diseño como en su evaluación los estándares de aprendizaje evaluable del currículo*".

- **Evaluación Interna**.

  Valora la adecuación del sistema a las posibilidades del sujeto. Ejercida directamente por la maestra o el maestro, está íntimamente vinculada a las diferentes fases o funciones de la evaluación (inicial, formativa, sumativa). Siguiendo las líneas del proceso educativo, confronta los objetivos con los resultados, concediendo a la evaluación el valor que le corresponde. Existe el riesgo de estar implicado en la propia situación.

d) **Evaluación según la participación del alumnado en el proceso evaluador**. Lo hemos sintetizado de Sales (2001), Díaz (2005) y Blázquez (2008).

Se refiere al **grado de responsabilidad** que se le otorga al **alumnado**, según sea objeto o sujeto-objeto de la evaluación. Distinguimos a:

- **Heteroevaluación**. Cuando es realizada por el docente y por todas las personas que mantienen relación con el alumno: orientador, tutor, otros profesores, etc.

- **Autoevaluación**. En línea con una concepción renovada de la enseñanza que responsabiliza al alumno de su desarrollo y resultado, se considera que la evaluación debe constituir una función que asume el propio alumno, ya que lo hace protagonista de su propio aprendizaje. Algunas de estas posibilidades, son:
    - El alumno anota, en una ficha puesta a su disposición, la valoración que él ha obtenido.
    - El alumno valora su trabajo en relación con el resultado previsto.
    - En el supuesto que el maestro o maestra haya proporcionado normas claras sobre la realización, el alumno ofrece un criterio de valoración de su propio trabajo.

- **Evaluación recíproca o co-evaluación**. El alumno evalúa a un compañero que, a su vez, es evaluado por éste. Este enfoque permite guardar una cierta distancia sobre sí mismo sin dejar de implicarse en el proceso de evaluación. Tiene un alto valor **afectivo**.

    En el caso de la utilización de procedimientos de observación, bastará con que el profesor tenga bien estructurada las rejillas y que sean fáciles de interpretar para que encuentre en los alumnos unos colaboradores perfectos.

- **Evaluación del proceso y del profesorado**. El alumno debe también intervenir en la evaluación de los restantes elementos que participan, como son el profesorado, el proceso que éste realiza, las condiciones en las que se desarrolla a la enseñanza, etc.
    Esta participación, si bien no es estrictamente una autoevaluación, permite al alumno apropiarse y sentirse responsable de la acción docente. Otorgar responsabilidades al alumnado es también ejercer la libertad y, por ende, el compromiso personal en el quehacer educativo y social.

2.2. EVALUACIÓN DEL PROCESO DE ENSEÑANZA (LA ACCIÓN DIDÁCTICA).

*"Los colegios de educación Primaria realizarán una **autoevaluación de su propio funcionamiento**, de los programas que desarrollan, de los procesos de enseñanza y aprendizaje y de los resultados del alumnado, así como de las medidas y actuaciones dirigidas a la prevención de las dificultades de aprendizaje, que será supervisada por la inspección educativa. El resultado de este proceso se plasmará en una **memoria de autoevaluación** que será aprobada e incluida en el Sistema de Información Séneca antes del 30 de junio de cada año"* (D. 328/2010, por el que se

aprueba el Reglamento Orgánico de los colegios de educación primaria y la Orden 20/08/2010, que lo desarrolla).

La evaluación del proceso implica que todas las **fases** de la acción didáctica deben ser objeto de evaluación, es decir:

CC. Clave → Objetivos → Contenidos→ Actividades→ Metodología y Recursos→ Evaluación

---

a. Evaluación de las competencias clave.

- Se trata de averiguar el grado de consecución de las competencias clave (Sebastiani y Blázquez -coord.-, 2009). El enfoque basado en las competencias no resuelve el problema de cómo evaluarlas adecuadamente (Coll, 2007). Para evaluar las competencias es necesario disponer de alguna fuente de información y algunos criterios de evaluación o indicadores de logro (Sebastiani y Blázquez -coords., 2009).

b. Evaluación de los objetivos.

- La continuidad entre los objetivos de Etapa, Área, Ciclo... Se trata de saber si los objetivos más concretos son instrumentales en función de la consecución de los objetivos más generales.
- La pertinencia o actualidad de los objetivos: en qué medida los objetivos propuestos responden a las necesidades actuales.

c. Evaluación de los contenidos.

- La vinculación objetivo-contenido responde hasta qué punto éstos han sido apropiados para la consecución de aquéllos, bien por su relación directa, bien por transferencia. Su proporción vertical-horizontal.

d. Evaluación de las actividades.

- Surgen a partir de los contenidos. Es preciso reflexionar si son adecuadas para satisfacer a los contenidos y conseguir los objetivos formulados. También si son apropiadas al grupo según su madurez, intereses, aprendizajes previos, etc. de aquél. Igualmente si son seguras y no plantean riesgos. Incluimos en este apartado la propia estructura de las **sesiones**.

e. Evaluación de la metodología.

- Hay que considerar la organización grupal, técnica de enseñanza, estrategia en la práctica, relación trabajo/pausa, estilos de enseñanza utilizados, clima de aula, las diferencias individuales, etc.

f. Evaluación de los recursos.

- El aprovechamiento de los medios de todo tipo con que cuente el centro: materiales, personales, humanos, espaciales... y ambientales.
- Su idoneidad, seguridad, capacidad para motivar, su multifuncionalidad, etc.

g. Evaluación del sistema de evaluación. (Metaevaluación).

- Una vez que el profesorado evalúa todo lo anterior en el documento de evaluación, a través de técnicas de observación, se vuelve a comprobar-evaluar si los procesos que ha realizado se corresponden con la realidad del centro: alumnos, docentes, etc. y a través de esa "evaluación de la evaluación", el maestro y la maestra investigan y reflexionan sobre su propia **práctica**.

- Es, en cierto modo, un proceso de feedback ya que el docente obtiene una información de lo realizado y pone las medidas correctoras oportunas para mejorar la calidad de su enseñanza, que es en definitiva de lo que se trata.

También se puede evaluar la "fase **práctica o realización**" (Sales, 2001). Se trata de **comparar** las previsiones realizadas por el maestro o maestra antes de efectuar el acto educativo y la realidad surgida con el alumnado. Obviamente, la fase práctica la podemos **incluir** directamente en cada uno de los **puntos** anteriores.

Debemos evaluar los procesos de enseñanza y el Proyecto Educativo del Plan de Centro. Históricamente se había centrado en el control de los resultados del aprendizaje de alumnas y alumnos. En los últimos años hemos comprobado el gran potencial de la evaluación como **herramienta** para gestionar los mismos aprendizajes y garantizar su calidad Se establece definitivamente la importancia de asociar los procesos evaluadores a los de desarrollo y potenciación de nuestra capacidad para aprender (Blázquez y Sebastiani -coords.-, 2009).

En este sentido, el artículo 28 del D. 328/2010, indica que son competencias de los equipos de ciclo, además de la elaboración de las programaciones didácticas y las propuestas pedagógicas correspondientes al mismo, de acuerdo con el proyecto educativo, el **seguimiento** para controlar su **cumplimiento y proponer las medidas de mejora que se deriven del mismo**. También, que los equipos de ciclo deberán evaluar la práctica docente y los resultados del proceso de enseñanza-aprendizaje.

La evaluación de la enseñanza y de la práctica docente deberá abordar, al menos, los siguientes **aspectos**:

- La organización del aula y el aprovechamiento de los recursos del centro.
- El carácter de las relaciones entre el profesorado, entre éste y el alumnado, así como la convivencia entre alumnas y alumnos.
- La coordinación entre los órganos y personas responsables en el Centro de la planificación y desarrollo de la práctica docente: Equipo Directivo, Claustro de Profesores, Equipo Técnico de Coordinación Pedagógica, Tutores, Maestros especialistas y de apoyo.
- La regularidad y calidad de la relación con los padres, madres o tutores-as legales.

Además, se evaluarán aspectos del Plan de Centro, como:

- Adecuación de los objetivos a las características del alumnado.
- Distribución equilibrada y adecuada de los contenidos por ciclos.
- Efectividad de la metodología y recursos utilizados.
- Validez de los criterios de evaluación.
- Adecuación de las medidas adoptadas para la atención a la diversidad.

El Equipo Técnico de Coordinación Pedagógica será el encargado de proponer al claustro, para su aprobación, el plan de evaluación de la práctica docente y el Plan de Centro.

2.2.1.- EVALUACIÓN DEL PROFESORADO.

Que el profesorado sea también sometido a evaluación es una necesidad que debe ser asumida con criterios positivos. No se trata de una actuación de control o fiscalizadora; todo lo contrario, ha de ser una acción claramente orientadora, estimulante, y parte esencial del proceso de formación permanente del profesorado (Díaz, 2005). El docente debe buscar su mejora competencial (Blázquez, 2013). La evaluación del mismo reúne varias finalidades (Blázquez, 2008):

- Conseguir una auténtica calidad de la enseñanza.
- Mejorar la función docente y estimular el reconocimiento de su labor.
- Permitir que su trabajo-acción pueda ser sometido a un proceso de reflexión crítica que se convierta en uno de los elementos de su formación y perfeccionamiento.
- Podemos añadir que es un elemento favorecedor de su actualización profesional.

Sales (2001), propone varias líneas de evaluación del maestro: auto-observación, observador externo (compañero), opiniones del alumnado en asambleas o mediante la aplicación de cuestionarios y realizando grabaciones en formato vídeo (autoscopia).

Díaz Lucea (2005), por su parte, clasifica los ítems a observar del maestro/a en tres bloques o líneas:

a) Sus funciones pedagógicas: como educador, instructor, formador tutorial, etc.
b) Las acciones derivadas de las funciones pedagógicas: planificador de su enseñanza, como diseñador de actividades, como animador en su proceso didáctico, como generador, conductor y creador de buen clima en clase, etc.
c) El perfil humano: tipo y nivel de formación, carácter, motivaciones, intereses, etc.

Debemos significar que el artículo 157 de la LEA, al CEJA tiene establecido un sistema de evaluación del profesorado y de esta forma acreditar méritos para su promoción profesional. El órgano responsable de su gestión es la Agencia Andaluza de Evaluación Educativa.

2.3. MECANISMOS E INSTRUMENTOS DE EVALUACIÓN.

Los **mecanismos** son, según el D.R.A.E., "*el conjunto de las partes o la estructura de un cuerpo natural o artificial y la combinación de sus partes constitutivas*". Por ello, entendemos, que los mecanismos de la evaluación son los "procedimientos, engranajes, o pasos" que seguimos a la hora de llevar a cabo la evaluación. No obstante, reconocemos que puede tener **múltiples interpretaciones**, ya que existen **numerosos estudios, autores y términos**. Por ejemplo, también es habitual llamar "*procedimiento*" al mecanismo. Distinguimos a los siguientes pasos o fases (Delgado y Tercedor, 2002) y (Zagalaz, 2003):

- **Definición de objetivos.** Es la preparación de lo que deseamos evaluar, por ejemplo la habilidad del salto, cuándo y mediante qué técnica e instrumento.

- **Medición.** Es la recogida de datos, por ejemplo, la forma de realizar la fase de batida, vuelo y caída en un salto.

- **Emisión de juicios de valor.** Es la interpretación de datos. Análisis de los mismos con los anteriores o con otras referencias.

- **Valoración de resultados.** Es la toma de decisiones al final del mecanismo seguido. Damos nuestro parecer, dictaminamos lo realizado, si ha progresado adecuadamente, etc. Por ejemplo, la fase de impulso ahora es mejor que en la observación anterior.

Los **instrumentos** de evaluación son los múltiples recursos específicos (herramientas) que disponemos para recoger información del proceso y que se plasma en algún documento para medir (Contreras y García, 2011). Por ejemplo, listas, escalas, registros diversos, fichas, cuestionarios, etc. En los últimos años, y cada vez más, debemos señalar las **Apps** (aplicaciones), para móviles y tabletas. Por ejemplo, **Idoceo**, que viene a sustituir al tradicional cuaderno de evaluación: nombres, datos familiares y académicos, faltas de asistencia, registro anecdótico, evaluaciones, adaptaciones, etc.

TABLAS: *Resumen de los instrumentos de evaluación.*

2.3.1. TÉCNICAS DE OBSERVACIÓN	2.3.2. PRUEBAS DE EXPERIMENTACIÓN

2.3.1.1. Observación Directa
• Registro Anecdótico o Diario de Clase
• Registro de Incidentes Críticos
 	
2.3.1.2. Observación Indirecta
  a) Lista de Control
  b) Escalas de Clasificación
    b.1) Ordinales o Cualitativas
    b.2) Numéricas
    b.3) Gráficas
    b.4) Descriptivas
  c) Rúbricas o Matrices
  d) Otros:
    c.1) Ludograma.
    c.2) Sociograma
	a) Pruebas de Ejecución
	
	b) Test Motores
	
	c) Pruebas Teóricas
	
	d) Registro de Acontecimientos
	
	e) Cuaderno de Trabajo/Portfolio
	
	f) Grabaciones de Video

2.3.1.- TÉCNICAS DE OBSERVACIÓN.

Si bien en muchos casos los métodos cuantitativos pueden representar un aspecto motivador, no permiten extraer más conclusiones que los datos propios del fenómeno observado. En consecuencia, es necesario utilizar instrumentos que estén basados en **técnicas de observación** con los que informar al alumno del nivel conseguido y de los fallos cometidos en cualquier momento del acto didáctico. Con ellas el docente logra una información constante que posibilita el reajuste del proceso elegido o las modificaciones oportunas para los alumnos con problemas.

La observación realizada por el profesor debe ser (Blázquez, 2008):

- **Planificada**: realizada en función de un objetivo definido, buscando los hechos significativos en el trabajo y el comportamiento del alumno.

- **Sistemática**: los resultados son más fiables cuando han sido comprobados en días y situaciones diferentes.
- Lo más **completa** posible: ha de tender a abarcar todos los aspectos que inciden en el aprendizaje, tales como conceptos, procedimientos, actitudes, etc.
- **Registrable** y registrada: es una temeridad confiar a nuestra memoria lo observado y un juicio arriesgado el que emitimos fiándonos de nuestra memoria y experiencia.

2.3.1.1. OBSERVACIÓN DIRECTA.

Constituida principalmente por las **impresiones personales** del maestro respecto al alumno. Estudia al alumno/a como sujeto activo de su formación durante el proceso educativo.

- **Registro Anecdótico**. Es una breve **descripción** de algún **comportamiento** que consideramos importante para los propósitos de la evaluación. Con arreglo a estas "anécdotas" o hechos casuales, el evaluador realiza un juicio del individuo en relación con algún aspecto concreto del programa de evaluación previsto (Delgado y Tercedor, 2002).
- **Registro de incidentes críticos**. Consiste en anotar comportamientos o hechos en el aula no esperados. Por qué ha surgido, su desarrollo y la resolución del mismo.

2.3.1.2. OBSERVACIÓN INDIRECTA.

Constituida por unas listas y escalas que expresan unos niveles a valorar y que están **previamente** establecidos, al contrario de lo que sucede con la "directa". Los aspectos a observar están relacionados con el ámbito motor y afectivo.

a) **Lista de Control**

Consiste en un conjunto de frases que expresan conductas, positivas o negativas, secuencias de acciones, etc. ante las cuales el examinador señalará su ausencia o presencia como resultado de su observación metódica, sistemática. Ponen de manifiesto la **aparición o no** de un aprendizaje o rendimiento, y pueden reducirse a acciones muy específicas.

Exige únicamente un sencillo **juicio "sí" / "no"**. También existen listas que contemplan un tercer parámetro: **"a veces"** o expresiones similares. La suma de los síes o de los noes puede ser interpretada como una forma de medición (Díaz, 2005).

b) **Escalas de Clasificación** (también llamadas de **puntuación** o de **evaluación**).

Ordenan el comportamiento motor del alumnado en la realización de una habilidad dentro de una escala con varios niveles, pero siempre con sus extremos definidos, es decir, desde una realización muy endeble a otra inmejorable (Díaz, 2005). Superan la eficacia de la listas de control porque exigen que el docente que observa se fije no sólo en la realización u omisión de una tarea, sino que además **valore** esa operación con un **juicio**. Las escalas conforman una serie que permite situar al individuo en función del grado del comportamiento o de la característica pretendida. Se utilizan como control del aprendizaje o como evaluación del rendimiento deportivo. Destacamos los siguientes **tipos** (Delgado y Tercedor 2002):

b.1) Escalas Ordinales o Cualitativas. Provienen del "modelo Lickert" (Colás y Buendía, 1998). Consiste en una serie de ítems que no siempre guardan las mismas proporciones, sobre un aprendizaje concreto. Carecen de "cero" y máximo y sirven para ordenar a los individuos en función de la prueba. Es frecuente utilizar escalas hasta cinco y siete puntos. De una manera general, se efectúa la evaluación según los siguientes baremos: 1 Muy deficiente; 2 Insuficiente; 3 Bien; 4 Muy bien; 5 Excelente. Pero antes debemos tener claro qué entendemos por cada uno de estos cinco niveles.

b.2.) Escalas Numéricas. Son las que están definidos sus extremos por un 0 y un 10 y los intervalos son idénticos.

b.3) Escalas Gráficas. El docente señala en un gráfico el grado en que se encuentra, según sus observaciones, el rasgo de la conducta que pretende evaluar. Esa característica es seguida por una línea horizontal, sobre la cual se señala la categoría advertida por el observador.

b.4) Escalas Descriptivas. Consisten en breves detalles concretos y exactos sobre el rasgo observado. El docente señala la posición del alumno en relación con la descripción de ese rasgo.

c) Rúbricas o matrices de evaluación.

Con esta denominación se implantan en España con la LOMCE/2013 y con el paso de las UU. DD. a las UDI. Realmente tienen muchas **similitudes** con las **escalas** vistas en el punto anterior, constituyéndose rápidamente en una **herramienta** muy popular en el ámbito educativo porque valora el nivel competencial[5]. Éstos los tenemos, como con las escalas, previamente determinados antes de producirse el acto evaluador. Normalmente optamos por la forma de una tabla o matriz, donde desglosamos algunos indicadores de la actividad a realizar y una red de estándares con distintos niveles de desarrollo vinculados a una graduación de niveles de desempeño. La **combinación** de la tabla, cuadro o **matriz** más los **estándares** y **descriptores**, a los que sumamos los **niveles de desempeño**, dan lugar a la **rúbrica**. Hay rúbricas analíticas (una tarea), globales (todo el proceso), decimales (valores numéricos), no decimales (pragmáticas), de mínimos (lo mínimo a alcanzar), de máximo (los valores máximos a alcanzar), indicadores de logro (desde lo mínimo para conseguir éxito a lo máximo nivel alcanzable), valores positivos (no tienen valor negativo para motivar alumnado). Evidentemente, las rúbricas las puede realizar el propio alumnado, maestro/a o equipo docente. Hay una serie de **Apps** que nos facilitan su diseño: RubiStar; Additio App; Erubric; etc.

La matriz o rúbrica **se compone** de: **Encabezado** (lo que vamos a evaluar: objetivo, habilidad, criterio, estándar, competencia, etc.); **Indicador** (cada objetivo o dimensión en que desglosamos el encabezado); **Escala** (niveles o puntuaciones, normalmente de 1 a 4, de los grados de dominio adquirido); **Descriptor** (la descripción de cada uno de los niveles del escalado o nivel de desempeño).

---

[5] La O. ECD/65/2015, art. 7.4, realmente iguala rúbrica con escala de evaluación: *"Los niveles de desempeño de las competencias se podrán medir a través de indicadores de logro, tales como rúbricas o escalas de evaluación"*.

TABLA. *Ejemplo genérico de rúbrica.*

	ENCABEZADO			
	4 EXCELENTE	3 BUENO	2 MÍNIMO	1 NO LOGRA
INDICADOR DE LOGRO 1	Descripción	Descripción	Descripción	Descripción
INDICADOR DE LOGRO 2	Descripción	Descripción	Descripción	Descripción

TABLA. *Ejemplo concreto sobre el aprendizaje de la habilidad específica del bote en Mini Basket, tiro de personal y actitud en clase.*

RÚBRICA SOBRE HABILIDADES EN MINI BASKET				
	EXCELENTE	BUENO	MÍNIMO	SIN LOGRO
REALIZAR BOTE EN ZIG-ZAG	Coordinado, velocidad y una y otra mano	Coordinado y uso de una y otra mano	Una y otra mano, pero muy despacio	Descoordinado, se le escapa balón
LANZAMIENTO DE CINCO TIROS PERSONAL	Muy técnico. Encesta 4-5 veces	Anota de vez en cuando. Detalles de inhabilidad.	Anota una vez. Lanza con dos manos.	No anota. Descoordina. Tira "pedrada".
ACTITUDES EN CLASE	Atento y participativo	Casi siempre atento y participativo	A veces despistado. Una vez llamo atención	Descentrado. En muchas ocasiones llamar atención.

TABLA. *Componentes de una rúbrica para evaluar el uso de las TIC en la U.D. de juegos populares.*

USO DE LAS TIC PARA INVESTIGAR JJ. PP.					
Indicadores (objetivos)	Grados de dominio adquirido				Instrumentos de evaluación
	1	2	3	4	
Utiliza las TIC para descubrir juegos populares de la región.	Es incapaz de utilizar las TIC	Utiliza las TIC de forma guiada	Utiliza las TIC de forma autónoma	Utiliza las TIC de forma autónoma usando diferentes herramientas en función del objeto de la búsqueda	Valoración de los procedimientos de trabajo del alumnado. Valoración de las producciones del alumnado

d) **Otros**.

d.1) <u>Ludograma</u>. Se realiza a partir de la ejecución de un juego grupal, por ejemplo los "10 pases". Anotamos el número de veces que cada jugador toca el balón. Posiblemente quienes más lo hacen tienen más afinidades socio afectivas entre ellos.

d.2) <u>Sociograma</u>. Se basa en la representación gráfica de las interrelaciones entre los miembros del grupo, tras tabular los datos obtenidos a través de unas listas confidenciales en las que el alumnado ha mostrado sus preferencias individuales (Delgado y Tercedor, 2002).

2.3.2. PRUEBAS DE EXPERIMENTACIÓN.

Las **técnicas experimentales** objetivan, en buena medida, los datos procedentes de la observación continuada del maestro, ya que miden lo que el sujeto es capaz de hacer tras un aprendizaje, después de un proceso determinado (Blázquez, 2008).

a) Pruebas de ejecución.

Blázquez (2008) las define como aquellas que exigen que el alumno realice una tarea poniendo de manifiesto la eficacia del aprendizaje. Por ejemplo, ante el criterio de evaluación de "saltar coordinadamente batiendo con una pierna", tendremos en cuenta la progresión en la carrera de aproximación, la batida, la fase vuelo y la caída eficaz con las dos piernas.

b) Test motores.

Un test es una situación experimental estándar que actúa como estímulo para un comportamiento que se evalúa mediante una comparación estadística con el de otros individuos colocados en la misma situación. De esta forma se clasifica al sujeto examinado con criterios cuantitativos. Por ejemplo, carrera de 40 metros para medir la velocidad de desplazamiento (Delgado y Tercedor, 2002).

Los datos obtenidos deben servirnos para **controlar** y ver su **progresión** personal.

c) Pruebas teóricas.

Pueden ser de muchos tipos. Por ejemplo, las de **evocación** requieren recordar conceptos o datos trabajados en clase. También podemos optar por las de "verdadero o falso", las de elección de respuesta múltiple, completar frases, etc.

d) Registro de acontecimientos.

Se anota la conducta previamente definida cada vez que se observa. Son muy comunes las plantillas de Baloncesto, por ejemplo, número de fallos en tiros de personal. Normalmente no es aplicable en Primaria (Delgado y Tercedor, 2002).

e) Cuaderno de alumnas y alumnos. (Cuaderno de trabajo o de campo).

Es un instrumento que cada vez está más extendido. El docente lo pone a disposición del alumnado para ayudar a desarrollar los contenidos del área. En la nuestra debemos utilizarlo para relacionar los **contenidos prácticos** que se desarrollan en las sesiones con los teóricos que interesen conocer. Por ejemplo, el calentamiento y los estiramientos a realizar en las actividades deportivas durante el tercer tiempo pedagógico. De esta manera, la narración se convierte en reflexión y un medio de gran potencialidad expresiva. No olvidemos la necesidad de introducir actividades relacionadas con la lectura, escritura y expresión oral, que debemos **evaluar** también. El **portfolio** nos permite ir archivando todos estos trabajos y otros relacionados, por ejemplo, con la autoconstrucción de materiales: palas/raquetas, carteles, maquetas, pelotas de malabares, paracaídas, zancos, etc. (Blázquez y Sebastiani -coords.-, 2009).

f) **Grabaciones en vídeo**.

Es un medio que cada vez se utiliza más. Es válido para evaluar los aprendizajes del alumnado y la propia práctica del docente, la interacción grupal, los niveles de participación y todos aquellos elementos que conforman los procesos de aula. En determinados contextos puede ser un **problema** la **grabación** de menores de edad, de ahí que esta tendencia tan popular hace unos años haya ido diluyéndose.

En cualquier caso, todo lo anterior está en pleno desarrollo, por lo que cada poco tiempo aparecen otras formas, bien nuevas, bien "cambiadas de nombre". Algunos ejemplos (Díaz, 2005), son: Lluvias de Ideas; Entrevistas Personales; Actividades con Imágenes; Contrato Didáctico; Instrumentos de Interrogación; etc.

2.4.- APLICACIÓN DE LAS TECNOLOGÍAS DE LA INFORMACIÓN Y DE LA COMUNICACIÓN (TIC) EN LA EVALUACIÓN DE EDUCACIÓN FÍSICA.

Díaz (2005), expresa que la incorporación de las TIC en la escuela es una exigencia social debido a la revolución tecnológica en la que estamos inmersos.

La utilización de las TIC es un recurso más e **imprescindible** en el proceso de enseñanza y aprendizaje que se empieza a conocer como las "**nuevas didácticas**". Muchos de los contenidos conceptuales pueden ser aprendidos y evaluados a través de la utilización didáctica de las TIC (Cebrián -coord.- 2009).

En el caso de la **evaluación** de la Educación Física, las TIC son usadas para gestionar estadísticamente datos del alumnado, búsqueda de información, emisión de informes y opiniones, etc. (Martínez López, 2001). Por ello es normal el uso de hojas de cálculo, procesadores de texto, y otros programas diseñados expresamente como apoyo a la evaluación del área, como el "**Programa Séneca**", regulado por el Decreto 285/2010, de 11 de mayo.

Dentro de este amplio conjunto mencionamos algunas posibilidades de uso de las TIC como recurso educativo para el aprendizaje como **instrumento** y **medio** de evaluación (Blázquez y otros, 2010).

- **Web Quests**.- Son actividades guiadas de búsqueda de informaciones relativas a un tema o contenido que se encuentra en Internet y que los alumnos tienen que concretar y resolver con el soporte de un documento virtual previamente preparado por el maestro o maestra. Su diseño es parecido a una unidad didáctica.

- **Los deberes Web**.- Sirven para poner trabajos a modo de actividades complementarias y que sirvan para evaluar determinados contenidos.

- **Actividades de colaboración en la red**.- Aprovechamos los espacios compartidos para realizar actividades cooperativas entre alumnos con separación geográfica para resolver una determinada tarea. El maestro orienta y motiva, para al final evaluar el trabajo. Por ejemplo, **Moodle** es una plataforma de formación online gratuita para mandar trabajos a los alumnos y evaluarlos.

- **Los "Plan Lesson"**.- Actividades de aprendizaje de corta duración a resolver por el alumnado mediante el uso de Internet o de cualquier otro recurso que ofrecen las TIC

- **La caza del tesoro**.- Es una actividad didáctica que usa varias direcciones de Internet para resolver un conjunto de preguntas. Incluye una gran pregunta que requiere que los alumnos integren los conocimientos adquiridos durante el proceso.

Si bien en el punto anterior manifestamos que las formas e instrumentos para evaluar están en **pleno desarrollo** y que cada poco tiempo aparecen nuevas maneras, este aspecto es mucho más significativo en el ámbito de los medios **multimedia** e **Internet**.

Sin ir más lejos, las **PDA en el aula** nos proporcionan numerosas posibilidades para evaluar al instante numerosos aspectos del aprendizaje, facilitándonos la recogida y procesamiento de datos. Lo mismo podemos decir de las "wikis" que nos surten de herramientas para facilitar el trabajo cooperativo y colaborativo en red.

Ya vimos en los temas 1, 19, 23, entre otros, que una de las nuevas **concepciones** y **recursos** en Educación Física pasa por el uso de las TIC, así que la **evaluación** no se queda atrás en este sentido. En resumen, podemos citar algunas de las **Apps** que son más populares entre el profesorado de Primaria:

1) **Gradekeeper**: una herramienta que sirve para evaluar, pasar lista, hacer un diagrama con los sitios físicos que ocupa cada uno en el aula, crear categorías de tareas y asignar diferentes pesos a cada tipo de categoría.
2) **Markup**: los alumnos envían su trabajo a un correo asignado por esta App y, con nuestra tablet, recibirlos y calificarlos, poder comentarios, tachar, etc.
3) **IGrade for Teacher**: otra App parecida a Gradekeeper pero que genera excelentes gráficas.
4) **Grading Fusion**: esta es una fusión de las anteriores. Esta App permite crear rúbricas, llevar calificaciones e incluso subir los documentos elaborados por los alumnos creando sus portafolios digitales.
5) **Teacher Tool One**: es una herramienta gratuita que permite hasta tener 30 alumnos. Permite llevar las calificaciones de los alumnos, agregar anotaciones que podemos usar posteriormente y generar reportes.
6) **Teacher Kit** (antes Teacher Pal): permite controlar la asistencia, comportamientos, incidencias (registro anecdótico), las calificaciones, la colocación de los alumnos en el aula, importar y exportar datos, y además admite la sincronización con Dropbox.
7) **ITeacher book**: nos permite tener todo organizado: agenda, aula/gimnasio, horario, alumnos (con su fotografía y correo), tareas, enviarles correo, calificar, generar reportes, etc.
8) **Easy Assesment**: Es una herramienta que sirve para crear rúbricas y evaluar dentro de la aplicación. La innovación de esta App es que pueden agregar comentarios con audio y/o video para los alumnos, por lo que es muy apropiada en el aprendizaje motor de base y deportivo.
9) **Essay Grader**: Esta App para calificar ensayos, puede apoyar la evaluación gracias a comentarios pre-cargados. La App genera una hoja de evaluación para el alumnado que incluye las notas pre-cargadas, nuevas notas y la calificación.
10) **Kidblog**: es una plataforma que permite crear blogs sencillos y pensados para utilizar dentro de un contexto de aula. NOTA: Un blog (en castellano también se denomina bitácora digital, cuaderno de bitácora, ciber bitácora, ciber diario, o weblog) es un portal web en el que uno o varios autores publican cronológicamente textos o artículos, apareciendo primero el más reciente, y donde el autor conserva siempre la libertad de dejar publicado lo que crea pertinente. Un blog puede sirve para publicar ideas propias y opiniones de terceros sobre varios temas: violencia en el deporte, respeto a las reglas, etc.
11) **CoRubrics**: Sirve para que el profesor genere y evalúe a su alumnado con una

rúbrica y también para que los alumnos se evalúen entre ellos con una rúbrica. Otras aplicaciones son: **Assessmate, RubiStar; Additio App; Erubric**; etc
12) **Symphonical**: responde a la aplicación de metodologías docentes activas para mejorar el proceso de aprendizaje de nuestros alumnos. Es como una "pizarra digital", donde cada uno cuelga sus trabajos colaborativos.
13) **Estiramientos**: aplicación que enseña a estirar los grupos musculares concretos.
14) **iDoceo** es un cuaderno tradicional de notas para iPad. Podemos insertar y editar cualquier información referente a clases, materias y alumnos, visualizándolo por periodos escolares (trimestres, cuatrimestres, semestres...). Y todo ello sin tener que estar conectado a Internet.

2.5. EVALUACIÓN DEL ALUMNADO CON N.E.A.E.

Independientemente de todo lo anterior, la O. de 04/11/2015, sobre evaluación de Primaria en Andalucía, establece en su art. 15 la correspondiente al alumnado con N.E.A.E. Los puntos que más nos interesan dado el contenido del Tema 24, son:

- *La evaluación del alumnado con necesidades específicas de apoyo educativo se regirá por el principio de inclusión y asegurará su no discriminación y la igualdad efectiva en el acceso y la permanencia en el sistema educativo.*
- *El equipo docente deberá adaptar los instrumentos para la evaluación del alumnado teniendo en cuenta las necesidades específicas de apoyo educativo que presente.*
- *La evaluación y promoción del alumnado con necesidades específicas de apoyo educativo con adaptaciones curriculares, será competencia del equipo docente, con el asesoramiento del equipo de orientación del centro y bajo la coordinación de la persona que ejerza la tutoría.*
- *Cuando la adaptación curricular sea significativa, la evaluación se realizará tomando como referente los objetivos y criterios de evaluación fijados en dichas adaptaciones.*
- *El profesorado especialista participará en la evaluación del alumnado con necesidades educativas especiales, conforme a la normativa aplicable relativa a la atención a la diversidad.*
- *En la evaluación del alumnado que se incorpore tardíamente al sistema educativo y que, por presentar graves carencias en la lengua española, reciba una atención específica en este ámbito, se tendrán en cuenta los informes que, a tales efectos, elabore el profesorado responsable de dicha atención.*
- *El alumnado escolarizado en el curso inmediatamente inferior al que le correspondería por edad, al que se refiere el artículo 18.4 del D. 97/2015, se podrá incorporar al grupo correspondiente a su edad, siempre que tal circunstancia se produzca con anterioridad a la finalización del segundo trimestre, cuando a juicio de la persona que ejerza la tutoría, oído el equipo docente y asesorado por el equipo de orientación educativa, haya superado el desfase curricular que presentaba.*

3. FUNCIÓN DE LOS CRITERIOS DE EVALUACIÓN DE ETAPA.

"*El enfoque dado a los criterios de evaluación genera una* **estructura relacional y sistémica** *entre todos los* **elementos** *del currículo, es decir, permite la* **adecuación** *de un criterio de evaluación para un ciclo determinado y fija los procesos principales a desarrollar y evaluar en el alumnado. Dichos procesos aplicados en contextos determinados* **generan competencias** *y facilitan la consecución de los* **objetivos** *de la etapa*" (D. 97/2015).

"Los indicadores de evaluación utilizados tanto, en los procesos de evaluación interna de los centros como en las evaluaciones externas que se desarrollen por la Administración educativa de Andalucía, han de considerarse factores de rendimiento junto a otros de proceso y, lo más importante, factores de equidad que aporten equilibrio al Sistema Educativo. La aplicación de las órdenes de la Administración educativa andaluza que establezcan los procesos de evaluación de todo el sistema educativo va a aportar datos específicos que se tendrán en cuenta para mejorar los procesos educativos y el rendimiento escolar. Los planes de mejora de los centros que se derivan de los datos de estas evaluaciones han de contemplar prioritariamente las acciones específicas que mejoren los índices de equidad que aparezcan en los resultados de la evaluación. En ningún caso, los resultados de las evaluaciones serán utilizados para establecer comparaciones o "ranking" de centros y alumnado" (D. 97/2015).

Los criterios de evaluación cumplen una serie de **funciones**, es decir, tienen diversas **utilidades** para el docente, alumnado y resto de la comunidad educativa. No podemos considerarlas aisladas, sino interrelacionadas.

A partir de la "Reforma", a la evaluación se le reconocen una serie de funciones, que hoy día están en plena vigencia:

a.- Proporcionar información sobre los aspectos a considerar para determinar el tipo y grado de aprendizaje que hayan alcanzado los alumnos y alumnas, en cada uno de los momentos del proceso.

b.- Deben tener en cuenta que el nivel de cumplimiento de objetivos no ha de ser establecido de forma rígida sino flexible.

c.- También deben considerar los distintos tipos de contenidos de manera integrada.

d.- Han de guiar la concreción y secuenciación de criterios de cada ciclo y aula, según lo que expliciten los proyectos curriculares realizados por la comunidad escolar.

e.- Deben ser aplicados considerando la diversidad de características personales y socioculturales del alumnado.

f.- Su aplicación hará posible matizar las diversas posibilidades de acercamiento óptimo a los objetivos y capacidades que prescribe el currículo.

g. Deben funcionar como reguladores de las estrategias puestas en juego, según las necesidades o desajustes detectados.

h.- Serán indicadores de la evolución de los sucesivos niveles de aprendizaje de los alumnos".

CONCLUSIONES

Hemos visto, siguiendo al R.D. 126/2014 y a la O. del 17/03/2015, que la evaluación debe girar en torno a su planteamiento más formativo basada en los procesos que quedan definidos en los objetivos del área. Trataremos de considerar el esfuerzo y el trabajo realizado además del resultado. Entendiendo que deben existir distintos niveles de exigencia en las destrezas, atenderemos al proceso y todos los elementos que intervienen con una evaluación continua, flexible e individualizada que atienda a la diversidad y favorezca realizar mejoras, adaptándose a la realidad educativa en la que se inserta el alumnado y haciendo partícipe de ésta a sus protagonistas.

Hemos comprobado durante el tema la importancia que tiene el acto de evaluar en nuestra intervención educativa. También, lo enriquecedor que podemos hacer el proceso, por ejemplo implicando al propio alumnado y familia. No podemos olvidar lo necesario que resulta evaluar nuestra práctica, como camino del propio desarrollo profesional docente y, por lo tanto, del sistema. Los mecanismos e instrumentos también son numerosos y admiten cualquier tipo de adaptación, destacando hoy día las **Rúbricas o Matrices** y el recurso de los medios informáticos. Por otro lado, hemos visto los criterios oficiales de evaluación que nos deben guiar y que los debemos adaptar a nuestras circunstancias particulares y contextuales.

BIBLIOGRAFÍA

- BLÁZQUEZ, D.; CAPLLONCH, M.; GONZÁLEZ, C.; LLEIXÁ, T.; (2010). *Didáctica de la Educación Física. Formación del profesorado*. Graó. Barcelona.
- BLÁZQUEZ, D. (2008). *Evaluar en Educación física*. (10ª edición). INDE. Barcelona.
- BLÁZQUEZ, D. (1993). *Orientaciones para la evaluación de la Educación Física en la Enseñanza Primaria*. En VV. AA. *Fundamentos de Educación Física para Enseñanza Primaria*. Volumen II. INDE. Barcelona.
- BLÁZQUEZ, D. y SEBASTIANI, E. -coords.- (2009). *Enseñar por competencias en Educación Física*. INDE. Barcelona.
- BLÁZQUEZ, D. (2013). *Diez competencias docentes para ser mejor profesor de Educación Física*. INDE. Barcelona.
- CASTILLO, S. (2002). *Compromisos de la evaluación educativa*. Prentice Hall. Madrid.
- CEBRIÁN, M. -coord.- (2009). *El impacto de las T.I.C. en los centros educativos*. Síntesis. Madrid.
- COLL, C. (2007) *Las competencias en la educación escolar: algo más que una moda y algo menos que un remedio*. Aula de Innovación Educativa, nº 161. Graó. Barcelona.
- CHINCHILLA, J. L. y ZAGALAZ, Mª L. (1997). *Educación Física y su Didáctica en Primaria*. Jabalcuz. Torredonjimeno (Jaén).
- CHINCHILLA, J. L. y ZAGALAZ, Mª L. (2002). *Didáctica de la Educación Física*. CCS. Madrid.
- COLÁS, P. y BUENDÍA, L. (1998). *Investigación educativa*. Alfar. Sevilla.
- CONTRERAS, O. (2004). *Didáctica de la Educación Física. Un enfoque constructivista*. INDE, Barcelona.
- CONTRERAS, O. R. y GARCÍA, L. M. (2011). *Didáctica de la Educación Física. Enseñanza de los contenidos desde el constructivismo*. Síntesis. Madrid.
- CRESPO, M. (2016). *Rúbricas*. En VV. AA.: *Apps educativas, rúbricas u unidades didácticas integradas: un nuevo universo en las programaciones didácticas*. Formación Continuada Logoss. Jaén.
- DELGADO, M. y TERCEDOR, P. (2002). *Estrategias de intervención en educación para la salud desde la Educación Física*. INDE. Barcelona.
- DÍAZ LUCEA, J. (2005). *La evaluación formativa como instrumento de aprendizaje en Educación Física*. INDE. Barcelona.
- FERNÁNDEZ GARCÍA, E. -coord.- (2002). *Didáctica de la Educación Física en la Educación Primaria*. Síntesis. Madrid.
- GONZÁLEZ HALCONES, M. A. (1995). *Manual para la evaluación en educación física*. Escuela Española. Madrid.
- HERNÁNDEZ, J. L. y VELÁZQUEZ, R. (2004). *La evaluación en Educación Física*. Graó. Barcelona

- JUNTA DE ANDALUCÍA. (2010). *Decreto 285/2010, de 11 de mayo, por el que se regula el Sistema de Información Séneca y se establece su utilización para la gestión del sistema educativo andaluz.* BOJA nº 101 de 26/05/2010.
- JUNTA DE ANDALUCÍA (2010). *Decreto 328/2010, de 13 de julio, por el que se aprueba el Reglamento Orgánico de las escuelas infantiles de segundo grado, de los colegios de educación primaria, de los colegios de educación infantil y primaria, y de los centros públicos específicos de educación especial.* BOJA nº 139, de 16/07/2010.
- JUNTA DE ANDALUCÍA (2010). *Orden de 20 de agosto de 2010, por la que se regula la organización y el funcionamiento de las escuelas infantiles de segundo ciclo, de los colegios de educación primaria, de los colegios de educación infantil y primaria, y de los centros públicos específicos de educación especial, así como el horario de los centros, del alumnado y del profesorado.* BOJA nº 169, de 30/08/2010.
- JUNTA DE ANDALUCÍA (2008). *Resolución de 30 de Julio de 2008, de la Dirección General de Ordenación y Evaluación Educativa, por la que se desarrollan determinados aspectos de la Orden que se cita, por la que se regulan las Pruebas de la Evaluación de Diagnóstico y se establece el procedimiento de aplicación en los centros docentes de Andalucía sostenidos con fondos públicos.* B.O.J.A. nº 161, de 13/08/2008.
- JUNTA DE ANDALUCÍA (2007). *Ley 17/2007, de 10 de diciembre, de Educación de Andalucía (L. E. A.).* B. O. J. A. nº 252, de 26/12/07.
- JUNTA DE ANDALUCÍA (2015). *Decreto 97/2015, de 3 de marzo, por el que se establece la ordenación y las enseñanzas correspondientes a la Educación primaria en Andalucía.* B. O. J. A. nº 50, de 13/03/2015.
- JUNTA DE ANDALUCÍA (2015). *Orden de 17 de marzo de 2015, por la que se desarrolla el currículo correspondiente a la Educación Primaria en Andalucía.* B. O. J. A. nº 60, de 27/03/2015.
- JUNTA DE ANDALUCÍA (2015). *Orden de 04 de noviembre de 2015, por la que se establece la ordenación de la evaluación del proceso de aprendizaje del alumnado de educación primaria en la Comunidad Autónoma de Andalucía.* B.O.J.A. nº 230, de 26/11/2015.
- LLEIXÁ, T. (2007). *Educación física y competencias básicas. Contribución del área a la adquisición de las competencias básicas del currículo.* Revista Tándem, nº 23, pp. 31-37.
- MARTÍNEZ LÓPEZ, E. J. (2001). *La evaluación informatizada en Educación Física.* Paidotribo. Barcelona.
- M.E.C. (2013). *Ley Orgánica 8/2013, de 9 de diciembre, para la mejora de la calidad educativa.* BOE Nº 295, de 10/12/2013.
- M.E.C. (2014). *R. D. 126/2014, de 28 de febrero, por el que se establece el currículo básico de la Educación Primaria.* B.O.E. nº 52, de 01/03/2014.
- M.E.C. (2015) ECD/65/2015, *O. de 21 de enero, por la que se describen las relaciones entre las competencias, los contenidos y los criterios de evaluación de la educación primaria, la educación secundaria obligatoria y el bachillerato.* B.O.E. nº 25, de 29/01/2015.
- MARTÍNEZ LÓPEZ, E. (2001). *La evaluación informatizada en la Educación Física.* Paidotribo. Barcelona.
- SALES, J. (2001). *La Evaluación de la Educación Física en Primaria.* INDE. Barcelona.
- SÁNCHEZ GARRIDO, D. y CÓRDOBA, E. (2010). *Manual docente para la autoformación en competencias básicas.* C.E.J.A. Málaga.
- SANMARTÍ, N. (2007). *10 Ideas clave. Evaluar para aprender.* Graó. Barcelona.

- SEBASTIANI, E. (2009) -coord.- *Guía para la evaluación de las competencias en ciencias de la actividad física y del deporte.* Agencia para la Calidad del Sistema Universitario de Cataluña (AQU). Barcelona.
- STAKE, R. (2006). *Evaluación comprensiva y evaluación basada en estándares.* Graó. Barcelona.
- VV. AA. (1997). Revista "Andalucía Educativa". C.E.J.A. Sevilla, número de marzo.
- VV. AA. (1999). *Fichas de Evaluación de la Educación Física en Primaria.* Wanceulen. Sevilla.
- VV.AA. (2012). *Orientaciones para la evaluación del alumnado de Educación Primaria.* Junta de Andalucía. Sevilla.
- ZAGALAZ, Mª L. (2003). *La evaluación de los aprendizajes en Educación Física.* En SÁNCHEZ, F y FERNÁNDEZ, E. *Didáctica de la Educación Física.* Prentice Hall. Madrid.
- ZAGALAZ, Mª L.; CACHÓN, J.; LARA, A. (2014). *Fundamentos de la programación de Educación Física en Primaria.* Síntesis. Madrid.

WEBGRAFÍA (Consulta en octubre de 2016).

http://servicios.educarm.es/admin/webForm.php?ar=1007&mode=visualizaAplicacionWeb&aplicacion=EDUCACION_FISICA&web=132&zona=PROFESORES
http://rubistar.4teachers.org/index.php?&skin=es&lang=es&
http://www.agrega2.es
http://recursos.cnice.mec.es/edfisica/
http://www.ite.educacion.es/es/recursos
http://www.educarm.es/admin/recursosEducativos#nogo
www.juntadeandalucia.es/educacion/descargasrecursos/curriculo-primaria/index.html
http://www.gobiernodecanarias.org/educacion/webdgoie/
http://www.educarex.es/web/guest/apoyo-a-la-docencia
http://www.catedu.es/webcatedu/index.php/recursosdidacticos
http://www.educa2.madrid.org/educamadrid/servicios
http://www.educa.jccm.es/educa-jccm/cm/recursos
http://www.educa.jcyl.es/profesorado/es/recursos-aula
http://www.educastur.es
http://www.guiaderecursos.com/webseducativas.php
http://www.adideandalucia.es

www.ingramcontent.com/pod-product-compliance
Lightning Source LLC
Chambersburg PA
CBHW080924180426
43192CB00040B/2678